하나님이 내 마음에 새겨주신 명령

십계명

KIWY 청소년성경공부 교사용

하나님이 내 마음에 새겨주신 명령

십계명

좋은씨앗

키위 청소년 성경공부 시즌 투 ❸ 사회생활(교사용)
십계명 _하나님이 내 마음에 새겨주신 명령

1판 1쇄 발행_ 2012년 11월 12일
1판 3쇄 발행_ 2025년 7월 10일

지은이_ 이재욱
펴낸이_ 신은철
펴낸곳_ 좋은씨앗
출판등록_ 제4-385호(1999.12.21)
주소_ 서울시 서초구 바우뫼로 156, 양재동 MJ빌딩 402호
주문전화_ 02-2057-3041 주문팩스_ 02-2057-3042
페이스북_ facebook.com/goodseedbook

ISBN 978-89-5874-197-8 04230
ISBN 978-89-5874-161-9 (세트)

신앙 인격이 형성되는 청소년기는 체계적인 성경 교육이 무엇보다 중요한 시기입니다. 그러나 안타깝게도 현장의 공과 교육은 그야말로 말라죽기 직전의 상황처럼 보입니다. 어떤 특정한 프로그램이나 교재가 이러한 상황을 한 번에 뒤집어놓을 수 있다고 여기는 것은 대단히 어리석은 일일 것입니다. 신앙 교육의 근간은 하나님의 은혜 안에 견고하게 뿌리내린 교육자들입니다. 그래서 하나님께서 교회에 사도와 선지자, 복음 전하는 자, 목사와 교사를 주셨다고 성경은 말합니다(엡 4:11). 그러므로 청소년 목회자와 교사들의 부단한 인내와 인고의 열정이 이 땅의 청소년들을 다시 일으키는 가장 중요한 밑거름이 될 것입니다.

교재는 그들이 손에 쥔 도구입니다. 도구는 얼마나 크고 화려하며 강한 것이냐가 아니라 손에 얼마나 알맞은 것이냐가 중요합니다. 다윗의 손에 잘 맞는 돌멩이 하나가 골리앗을 쓰러뜨리기에 수많은 칼이나 창보다 적합했듯이 말입니다. 〈*KIWY* 청소년 성경공부〉 시리즈는 책상이 아니라 현장에서 나온 교재입니다. 어떻게 하면 하나님의 귀한 말씀을 아이들에게 잘 먹일 수 있을지 오랜 시간 고민한 현장 사역자들의 수고가 담긴 교재입니다. 오랜 시간 동안 장인의 손으로 매만진 도구입니다.

이 교재를 집어든 현장 동역자들이 손에 딱 맞는, 그래서 내 몸의 일부처럼 움직일 수 있는 편안한 도구를 만나는 반가움을 경험할 수 있다면, 저희 집필진들에게 더할 나위 없는 기쁨이 될 것입니다. 부디 여러분과 이 돌멩이가 함께 난공불락처럼 보이는 신앙교육에 대한 여러 도전들을 격파하는 귀한 하나님의 도구가 되기를 간절히 기도합니다.

_ 이재욱 목사

KIWY 청소년 성경공부 목표

- 청소년을 전인적 그리스도인으로 교육하고자 합니다.
- 공과만 충실하게 해도 학습, 세례, 입교 교육이 충분히 될 만큼 교리적, 실천적으로 균형 있는 신앙관을 제공합니다.
- 보다 쉽고 친근하게 주제에 다가갈 수 있도록 구성했습니다.
- 부족한 시간과 시설 때문에 고민하는 현장 교사들의 상황을 고려하며 대안을 제시합니다.

KIWY 청소년 성경공부 구성

본 교재는 교리탐구, 경건생활, 사회생활, 인물탐구 네 분야를 1년 48주에 걸쳐 3년 동안 교육하도록 구성되어 있습니다. 각 권은 12주 과정입니다. 선택적으로 사용할 수 있는 특별과정 교재 1권이 따로 제공됩니다.

- **교리탐구** - 그리스도인이라면 반드시 숙지해야 할 기본교리를 살펴보며 하나님과 나에 대해 알아갑니다.
- **경건생활** - 그리스도인으로서 추구해야 할 경건을 배우고 익히며 실천하도록 독려합니다.
- **사회생활** - 청소년 그리스도인들이 세상에서 부딪히는, 또 앞으로 부딪힐 필수적인 실천 주제들에 대해 성경적인 관점을 확고하게 정립합니다.
- **인물탐구** - 성경의 주요 인물을 성경의 큰 흐름에 따라 살펴보며 하나님이 어떻게 각 사람의 인생에 개입해 큰 그림을 만들어가시는지 배웁니다.
- **특별과정** - 개 교회의 주요 행사 및 절기에 맞는 공과 진행을 돕습니다.

* 자세한 커리큘럼은 www.gsbooks.org를 참고해주세요!

하나! 공과 교재가 쉽다

공과 반은 다양한 수준의 학생들이 모여 있으므로 공과는 누구나 쉽게 접근할 수 있는 것이어야 합니다. 학생 수준에 따른 심화 교육은 리더훈련이나 제자훈련 같은 별도의 양육과정에서 하는 것이 바람직합니다.

둘! 길거나 복잡하지 않다

현장의 공과 환경은 공과를 오래 끌기에 무리가 많습니다. 적어도 30분 안에 끝낼 수 있도록 교재를 쉽고 단순하게 구성했고, 성경 본문을 별도로 찾을 필요가 없도록 문제와 함께 제시합니다.

셋! 다양한 주제들을 다룬다

쉽고 단순해도 청소년 시기에 분명히 다루어야 할 주제들을 교리탐구, 경건생활, 사회생활, 인물탐구 분야별로 풍성하게 다룹니다.

넷! 말씀 중심이다

분명한 말씀 전달 없이 주제 하나 놓고 어영부영 자기 생각만 나누다가 공과를 끝내서는 안 됩니다. 말씀만큼은 주입식 교육이 확실하게 이루어져야 합니다. 믿음은 '들음'에서 오지 '토론'에서 오지 않습니다.

다섯! 주제가 명료하다

귀납식 탐구 학습은 그 나름대로 장점이 있으나 현장의 제한된 환경에서 시행하기에는 다소 무리가 있습니다. 본 교재는 본문에서 얻는 교훈을 단순화해 적어도 한 가지 주제만은 분명하게 기억하도록 돕습니다.

여섯! 구체적인 실천 과제를 제시한다

공과가 생활 속 실천으로 이어지도록 구체적인 과제를 제시하고, 이를 통해 교사가 학생들을 주중에 심방하도록 구성했습니다.

일곱! 시선을 사로잡는다

한 눈에 들어오고 청소년들의 취향에 적합한 디자인이 되도록 노력했고, 학습 의욕을 북돋는 삽화와 만화를 도입부에 수록했습니다.

교재의 기본 구성 및 사용 방법

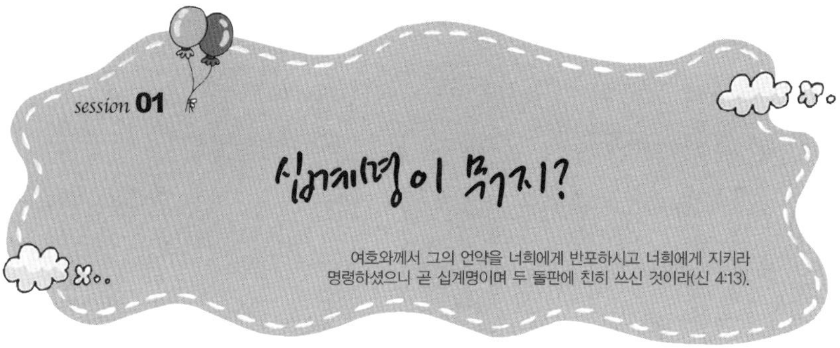

제목과 해당 성경 구절

각 과 제목은 한 학생이, 해당 성경 구절은 다함께 큰소리로 읽는다.

오픈마인드

그야말로 마음을 여는 시간이다. 어떤 정답을 말하기보다 자유롭게 자기 생각을 표현하는 것이 중요하다. 기발하고 엉뚱한 답들을 하는 것도 좋지만 너무 장난스러운 분위기로 흐르지 않도록 완급을 조절한다.

OPEN BIBLE 오픈바이블

오픈바이블

1) 성경 본문을 따라 주제를 살펴본다

이 코너는 의견을 나누는 시간이 아니라 분명한 성경의 선언을 살펴보고 성경 말씀 앞에 겸손한 자세로 서는 시간이다. 최근 들어 주입식 교육 하면 왠지 시대에 뒤떨어진 방식인 양 느껴지지만 성경은 기본적으로 주입식으로 교육되어야 한다.

"믿음은 들음에서 나며 들음은 그리스도의 말씀으로 말미암았느니라"(롬 10:17)는 말씀처럼 성경의 기본 가르침을 확립하고 나서야 비로소 성경을 창으로 삼아 세상에 대해 토론할 수 있게 되는 것이다.

2) 오픈바이블의 질문은 결코 퀴즈나 시험이 아니다

답을 보다 잘 기억하도록 돕기 위해 질문과 대답이라는 형태를 취할 뿐이다. 단순히 설명하기보다는 묻고 대답해보고 답을 확인하는 것이 기억에 더 잘 남기 때문이다.

어떤 경우에는 답이 다음 질문에 제시되기도 한다. 이것이 진짜 시험문제라면 적절하지 못한 질문이겠으나 학습을 목적으로 한 것이라면 이 또한 효과적인 반복학습의 한 방편으로 자주 이용된다. 눈치가 빠른 아이들이 다음 질문을 미리 보고 답을 해도 굳이 제재할 필요가 없다.

3) 질문에 바로 이어지는 본문 구절

성경과 친숙하지 않은 아이들에게 성경을 찾게 하는 것 자체만으로도 교육이 되지만 현장의 형편상 성경을 일일이 찾다보면 자칫 공부의 흐름이 깨지거나 시간이 많이 들게 된다. 본 교재는 관련 본문을 질문 바로 아래 수록해 본문의 내용 전달 시간을 단축하고 있다.

핵심만 콕콕!

나는 하나님의 모든 계명을
소중히 묵상하며, 특별히 십계명을
암송하여 항상 그대로 살기 위해
힘쓰는 그리스도인이 된다.

핵심만 콕콕

이 과에서 배운 내용을 간략하게 정리하는 시간이다. 함께 읽거나 교사가 한 학생을 지목해서 읽도록 한다.

OPEN LIFE 오픈라이프

오픈라이프

말씀을 삶에 적용해보는 시간이다. 적용은 '나눔'과 '실천' 두 가지 부분으로 나뉘어 있다.

1) '나눔'은 오늘 공부한 내용을 삶에 비추어 나누는 시간이다
나눔 시간에는 아이들 각자의 생각이 중요하다. 교사가 일일이 대답해주거나 바로잡으려고 해서는 안 된다. 아이들의 생각을 존중하고 수긍하는 자세를 가져야 한다. 나눔 과제가 두 개 이상일 때는 시간에 따라 그중 한 개만 선별해서 나누어도 된다.

2) '실천'은 함께 읽어보고 그야말로 실천하는 과제다
공과 내용을 공부하는 데서 그치지 않고 이를 삶으로 이어주는 중요한 부분이다. 가이드라인에 따라 주중에 함께 나누고 확인하며, 다음 공과 시작 때 간략하게 확인하는 시간을 갖도록 한다.

기도

공과의 마지막은 기도제목을 나누고 함께 기도하고 난 후 대표자가 마무리 기도하는 것으로 정리한다.

C.O.N.T.E.N.T.S

십계명과 그리스도 : 율법과 복음의 관계

율법은 구약 백성에게 주신 하나님의 규례이고, 십계명은 그 율법의 중심에 있다. 그런데 이 율법은 오늘날에도 유효한가? 현대에 사는 우리도 거룩한 율법을 온전히 지켜야 하는가? 이에 일차적으로 '예' 라고 답할 수 있다. 그러기에 우리가 지금 십계명을 배우고 있는 것이 아닌가.

그런데 한 가지 문제가 있다. 율법에는 오늘날 우리가 지키지 않거나 지킬 수 없는 여러 요구들이 들어 있기 때문이다. 예컨대, 율법에서는 무당이나 간음한 자를 돌로 쳐 죽이라고 명하지만, 오늘날 이 명령을 지키는 자는 당장 사회법에 걸려 살인죄로 구속될 것이다. 또한 음식에 대한 구약의 복잡한 규례들을 지키고자 한다면 당장 선지국, 삼겹살, 오징어 같은 먹을거리를 포기해야 할 것이다. 그렇다면 오늘날 그리스도인들은 어떤 율법은 지키고, 어떤 율법은 지키지 않아도 되는 것일까? 이에 대한 답은 율법의 본래 역할과 속성을 살펴보면 얻을 수 있다.

하나님이 율법을 주신 목적은 무엇인가?

1) 율법은 우리의 죄와 저주를 알게 한다

"그 후에 여호수아가 율법책에 기록된 모든 것대로 축복과 저주하는 율법의 모든 말씀을 낭독하였으니"(수 8:34).

즉 율법은 그것을 지키는 자에게는 복을, 지키지 않는 자에게는 저주를 내리는 명령이다. 그러면 하나님은 이스라엘에게 율법을 지켜 복을 받으라고 하신 것인가? 그런데 그게 그렇지 않다.

"그러므로 율법의 행위로 그의 앞에 의롭다 하심을 얻을 육체가 없나니 율법으로는 죄를 깨달음이니라"(롬 3:20).

바울은 여기서 두 가지를 이야기한다. 첫째, 율법으로는 의롭게 될 육체가 없다. 둘째, 우리는 온전히 율법을 지킬 수 없다. 예수님은 "음욕을 품고 여자를 보는 자마다 마음에 이미 간음하였느니라"(마 5:28)고 말씀하셨다. 무슨 말인가? 율법의 요구는 우리의 행동뿐 아니라 마음의 중심까지 헤아린다는 말이다. 즉 미움은 살인이고 음욕은 간음이며 탐심은 우상숭배다.

율법의 이런 요구를 우리가 어떻게 모두 충족시켜 의로운 자라고 자처할 수 있겠는가? 마음의 중심까지 헤아려 단 한 번의 실패도 없는 율법 준수. 그런 것이 가능하겠는가? 우리가 행위로 흠이 없어 하나님 앞에 정당성을 얻을 수 있겠는가? 그것은 불가능한 일이다. 그러니까 율법의 목적은 그것을 지켜 '축복' 받는 자가 있고, 못 지켜 저주 받는 자가 있다는 사실을 보여주는 것이 아니다.

"무릇 율법 행위에 속한 자들은 저주 아래에 있나니 기록된 바 누구든지 율법 책에 기록된 대로 모든 일을 항상 행하지 아니하는 자는 저주 아래에 있는 자라 하였음이라"(갈 3:10).

그렇다. 율법은 우리 모두를 '저주' 아래 있는 자들이라고 폭로하고 있다.

단 하나의 예외 없이 우리는 행위로는 모두 저주 아래 있는 자들이다.

이것을 바울은 이렇게 표현한다. "율법으로는 죄를 깨달음이니라"(롬 3:20). 율법은 죄를 알게 한다. 그리고 우리가 이 죄의 '저주' 아래 있음을 발견하게 한다. 율법을 온전히 행하려 하면 할수록 이 사실을 더욱 알게 된다. 여기에 율법의 비극이 있다. 죄를 깨닫기는 하는데 그럴수록 더 죄인인 자신을 발견하게 된다는 것이다. 죄인인 우리는 율법의 저주와 하나님의 심판을 피할 수 없다. 이제 우리는 끝인가? 아니, 우리가 율법 외에 기댈 수 있는 한 가지가 있는데 바로 '하나님의 은혜' 다.

2) 율법은 우리를 하나님의 은혜로 인도한다

"그러나 노아는 여호와께 은혜를 입었더라"(창 6:8).

"이것이 노아의 족보니라 노아는 의인이요 당대에 완전한 자라 그는 하나님과 동행하였으며"(창 6:9).

노아가 심판에서 벗어날 수 있었던 이유는 무엇인가? 그가 완전한 자여서인가? 물론 성경은 노아가 "당대의 완전한 자"(창 6:9)라고 말한다. 그러나 그것은 노아의 행동이 완전하다는 의미가 아니다. 8절과 9절 후반부를 보자. 8절에서 성경은 노아가 은혜를 입었다는 것을, 9절 후반부에서 하나님과 동행했다는 것을 말한다. 즉 노아는 하나님의 은혜를 입고, 하나님과 동행했기에 당대에 완전한 자로 인정받았던 것이다.

아브라함도 마찬가지로 율법이 있기 전에 이미 의인이라는 칭함을 받았다. 왜인가? "아브람이 여호와를 믿으니 여호와께서 이를 그의 의로 여기시고"(창 15:6). 이것은 그의 믿음 덕분이지 그가 율법을 잘 지켜서가 아니다. 하나님의 약속과 은혜를 바라보는 믿음을 가진 아브라함을 하나님이 은혜로 의롭다고 여겨주신 것이다.

다윗도 마찬가지다. 그는 사울에게 쫓길 때 율법으로는 제사장만 먹도록 되어 있는 진설병을 먹었다(삼상 21:5-6). 게다가 우리아의 아내 밧세바를 범하고 충복 우리아를 죽음으로 내몰았다(삼하 11장). 다윗은 율법으로 말하면 분명 죄인이었다. 그럼에도 하나님은 그를 마음에 합한 자로 여기고 의인으로 세우셨다(행 13:22). 다윗이 의인인 것은 하나님의 전적인 은혜였고, 하나님은 이 은혜로 그에게 영원한 약속을 주신다.

"나는 그에게 아버지가 되고 그는 내게 아들이 되리니 그가 만일 죄를 범하면 내가 사람의 매와 인생의 채찍으로 징계하려니와 내가 네 앞에서 물러나게 한 사울에게서 내 은총을 빼앗은 것처럼 그에게서 빼앗지는 아니하리라"(삼하 7:14-15).

율법으로 죄를 깨달으면 깨달을수록 우리는 하나님의 은혜를 더욱 갈망하게 된다. 그 은혜의 완성은 우리를 위해 목숨을 내주신 하나님의 아들 예수 그리스도다. 그러므로 율법은 우리를 하나님의 은혜, 즉 그 은혜의 완성이신 예수 그리스도께로 인도한다.

3) 율법은 결국 우리를 그리스도께로 인도한다

우리가 바라볼 하나님의 은혜가 완성되는 지점이 바로 예수 그리스도의 십자가다. 노아도, 아브라함도, 다윗도 그래서 결국 모두 그리스도로 귀결된다. 그러므로 율법이 우리를 안내하는 최종 지점은 바로 예수 그리스도다.

"이같이 율법이 우리를 그리스도께로 인도하는 초등교사가 되어 우리로 하여금 믿음으로 말미암아 의롭다 함을 얻게 하려 함이라"(갈 3:24).

이제 율법으로 자신이 죄인 됨을 깨닫고 하나님의 은혜를 구하며 그리스도께로 나아간 자는 어떻게 되는가? 율법의 저주에서 벗어나 구원을 얻는다. 예수님이 십자가에서 이루신 일은 율법의 저주를 해결하신 것이다.

"그리스도께서 우리를 위하여 저주를 받은바 되사 율법의 저주에서 우리를 속량하셨으니 기록된바 나무에 달린 자마다 저주 아래에 있는 자라 하였음이라"(갈 3:13).

"그러므로 이제 그리스도 예수 안에 있는 자에게는 결코 정죄함이 없나니 이는 그리스도 예수 안에 있는 생명의 성령의 법이 죄와 사망의 법에서 너를 해방하였음이라"(롬 8:1-2).

그리스도로 말미암아 율법의 저주가 사라졌다. 그래서 성경은 그리스도가 율법을 폐하셨다고 선언한다. "법조문으로 된 계명의 율법을 폐하셨으니 이는 이 둘로 자기 안에서 한 새 사람을 지어 화평하게 하시고"(엡 2:15)

그러므로 그리스도인은 율법에 대하여 죽은 자다. 즉 율법과 상관이 없는 자라는 의미다. "내가 율법으로 말미암아 율법에 대하여 죽었나니 이는 하나님에 대하여 살려 함이라"(갈 2:19).

결국 그리스도인은 율법의 행위로가 아니라 예수 그리스도를 통해 구원을 얻는다. "사람이 의롭게 되는 것은 율법의 행위로 말미암음이 아니요 오직 예수 그리스도를 믿음으로 말미암는 줄 알므로 우리도 그리스도 예수를 믿나니 이는 우리가 율법의 행위로써가 아니고 그리스도를 믿음으로써 의롭다 함을 얻으려 함이라 율법의 행위로써는 의롭다 함을 얻을 육체가 없느니라"(갈 2:16).

율법이 이미 폐기된 것이라면 왜 십계명을 배워야 하는가?

율법은 분명 폐기되었다. 그런데 여기서 폐기되었다는 말은 일반적으로 생각하듯 없어졌다는 말이 아니라 완성되었다는 의미다. 예수님은 이렇게 말씀하신다.

"내가 율법이나 선지자를 폐하러 온 줄로 생각하지 말라 폐하러 온 것이 아니요 완전하게 하려 함이라"(마 5:17).

"그러므로 누구든지 이 계명 중의 지극히 작은 것 하나라도 버리고 또 그 같이 사람을 가르치는 자는 천국에서 지극히 작다 일컬음을 받을 것이요 누구든지 이를 행하며 가르치는 자는 천국에서 크다 일컬음을 받으리라"(마 5:19).

예수님은 앞서 살펴본 성경과 모순되는 말씀을 하시는 것인가? 그럴 리 없다. 두 말씀 모두 진실이다. 즉 율법은 폐기된 동시에 완성되었다. 율법은 지킬 필요가 없어진 동시에 지킬 수 있게 되었다. 이것이 어떻게 가능한가?

구약에는 매우 복잡한 제사법을 포함해서 정결을 위한 의식법들이 있었다. 하나님이 이런 법을 주신 이유는 우리에게 거룩이 무엇이고 속죄가 무엇인지 알게 하기 위함이었다. 우리는 복잡한 의식법을 통해 우리가 거룩하게 구별되기 위해선 얼마나 엄격한 요구에 응해야 하는지 배운다. 제사법을 통해 속죄를 위해선 반드시 생명의 대가를 치러야 한다는 것을 배운다.

그러면서 동시에 우리는 율법의 '정죄'에 놓이게 된다. 제사법으로 죄를 진정 깨끗하게 하려면 평생 제사만 드려도 모자랄 것이다. 우리는 하루에도 셀 수 없이 많은 죄를 마음으로, 행동으로 짓기 때문이다. 그래서 이 제사는 결코 온전한 제사가 될 수 없다. 성경은 말한다.

"율법은 장차 올 좋은 일의 그림자일 뿐이요 참 형상이 아니므로 해마다 늘 드리는 같은 제사로는 나아오는 자들을 언제나 온전하게 할 수 없느니라"(히 10:1).

그래서 하나님을 진정 사모하는 자들은 '완전한 제사'를 갈망하게 된다. 그런데 이 완전한 제사는 사람이 드릴 수 있는 제사가 아니다. 하나님이 스스로에게 올리는 것이어야 한다. 그리고 드디어 그 완전한 제사가 왔다. 바로 하나님의 아들을 제물로 삼아 모든 죄를 단번에 대속한 십자가의 제사다.

"그는 저 대제사장들이 먼저 자기 죄를 위하고 다음에 백성의 죄를 위하여 날마다 제사 드리는 것과 같이 할 필요가 없으니 이는 그가 단번에 자기를 드려 이루셨음이라"(히 7:27).

"너희는 누룩 없는 자인데 새 덩어리가 되기 위하여 묵은 누룩을 내버리라 우리의 유월절 양 곧 그리스도께서 희생되셨느니라"(고전 5:7).

하나님이 단번에 정결하게 하셨으니 이제 우리가 정결을 위해 이런저런 규칙을 지킬 필요가 없게 되었다. 하나님이 단번의 제사로 끝내셨으니 이제 우리가 더 이상 제사를 드릴 필요도 없게 되었다. 법은 우리에게 더 이상 구속력을 갖지 못한다. 제사, 음식, 절기에 관한 모든 법들이 폐기되었다. 이것을 지키지 않는다고 저주 받을 일도 없다.

"그러므로 먹고 마시는 것과 절기나 초하루나 안식일을 이유로 누구든지 너희를 비판하지 못하게 하라 이것들은 장래 일의 그림자이나 몸은 그리스도의 것이니라"(골 2:16-17).

그렇다고 해서 율법의 본래 의미마저 사라졌는가? 아니다. 이러한 법의 의미는 무엇인가? 바로 하나님의 백성은 "하나님의 방법으로 정결케 되며, 하나님의 방법대로 하나님 앞에 나아가야 한다"는 것이다. 이 명령의 의미는 오늘날 우리에게도 유효하다. 예수님은 예배에 대해 이렇게 말씀하신다.

"아버지께 참되게 예배하는 자들은 영과 진리로 예배할 때가 오나니 곧 이때라 아버지께서는 자기에게 이렇게 예배하는 자들을 찾으시느니라 하나님은 영이시니 예배하는 자가 영과 진리로 예배할지니라"(요 4:23-24).

여기서 영은 성령, 진리는 진리 되신 그리스도를 말한다. 제사법이 폐기되었다고 해서, 이제 더 이상 예루살렘에서 예배하지 않아도 된다고 해서 예배를 우리 마음대로 해도 된다는 뜻은 아니다. 하나님이 받으시는 예배는 반드시 성령과 그리스도 안에서 드려야 한다. 성령과 그리스도가 없는 예배는 예배가 아니다. 문자적인 제사법은 사라졌지만, 그 법의 의미 즉 '엄격한 하나님의 방법을 따르는 예배'라는 의미는 여전히 생생하게 살아 있다.

즉 하나님은 '엄격한 하나님의 방법을 따르는 예배'라는 계명을 이루시기 위하여 우리의 행위로 드리는 불완전한 '제사'를 폐하시고, 하나님의 아들을 통한 단번의 '제사'를 완성하셨다. 문자적 율법은 폐기되고 저주도 폐기되었지만 율법의 요구는 완성되었다.

도덕법도 마찬가지다. 예컨대, 이혼하지 말라는 명령에는 그에 따른 여러 부수적인 율법의 규례들이 이어졌다. 이 법을 준수하지 않을 경우 자칫 간음이 될 수 있고, 그럴 경우 돌로 쳐서 죽이도록 하는 것이 구약의 법이었다. 그러나 오늘날에는 이 모든 세부법들이 문자적인 효력을 상실했다. 동시에 저주도 폐기되었다. 예수님이 십자가에서 다 이루셨기 때문이다. 그럼에도 불구하고, 결혼을 신성하게 여기라는 그 법의 중심 사상은 전혀 변하지 않았다. 그것은 변할 수 없는 하나님의 마음이기 때문이다. 이것이 간음죄로부터 해방되어 자유로운 우리가, 그렇다고 해서 절대 간음죄를 지을 수는 없는 이유다.

법이 아닌 하나님의 마음을 배우라

율법은 여전히 거룩하다. 폐기된 문자가 거룩한 게 아니라 율법에 담아두셨던 하나님의 마음이 거룩하다. 그러므로 구원 받은 자녀들은 신약의 창문을 통해 구약 율법에 담긴 하나님의 마음, 즉 그 본질적 의미를 배우고 실천해야 한다. 율법은 의미적으로는 여전히 유효한 하나님의 말씀이고 경건한 삶의 기초이기 때문이다. 그리고 이제 우리가 가르칠 십계명은 바로 그 율법의 핵심이다. ■

session **01**

십계명이 뭐지?

여호와께서 그의 언약을 너희에게 반포하시고 너희에게 지키라 명령하셨으니 곧 십계명이며 두 돌판에 친히 쓰신 것이라(신 4:13).

OPEN MIND 오픈마인드

가장 좋아하는 스포츠나 예술 혹은 학문과 그 분야를 대표한다고 생각되는 인물은? 그렇게 생각하는 이유도 말해보세요.

● 인도 : 어딜 가든 '○○' 분야 하면 금방 떠오르는 대표주자들이 있어요. 오늘 우리가 살펴볼 십계명은 하나님이 '하나님의 백성에게 주신 명령'의 대표주자라고 할 수 있어요.

OPEN BIBLE 오픈바이블

1. 십계명은 하나님이 우리에게 주신 모든 명령의 대표주자라고 할 수 있습니다. 그 이유는 무엇입니까?(신 9:9-10)

신명기 9:9-10 9 그때에 내가 돌판들 곧 여호와께서 너희와 세우신 언약의 돌판들을 받으려고 산에 올라가서 사십 주 사십 야를 산에 머물며 떡도 먹지 아니하고 물도 마시지 아니하였더니 10 여호와께서 두 돌판을 내게 주셨나니 그 돌판의 글은 하나님이 손으로 기록하신 것이요 너희의 총회 날에 여호와께서 산상 불 가운데서 너희에게 이르신 모든 말씀이니라.

● 답 : 하나님이 직접 기록해서 주신 말씀이므로

● 인도 : 성경은 모두 하나님의 말씀이에요. 성경은 저자들이 하나님으로부터 영감 받은 말씀을 기록한 책이에요. 그런데 십계명만큼은 하나님이 사람을 시켜서 기록하게 하신 게 아니라 직접 돌판에 새겨주셨어요. 왜일까요? 하나님이 주신 모든 명령의 핵심 원리를 십계명이 요약하고 있기 때문이에요.

하나님은 말씀을 통해 믿음의 백성들이 어떻게 살아야 할지 구체적으로 알려주셨어요. 이러한 하나님의 명령을 계명이라고 불러요. 계명 가운데서도 특별히 십계명은 모든 계명을 요약하고 대표해요. 다른 모든 계명은 십계명에서 출발한다고 생각해도 돼요. 십계명은 그 계명들을 핵심적으로 요약해 하나님이 직접 새겨주셨다는 점에서 좀 더 특별하게 생각할 수 있어요. 말하자면 계명의 대표주자인 셈이에요.

2. 하나님의 계명에 대해 성경은 우리에게 어떤 태도를 요구합니까?

1) 하나님의 계명을 날마다 __________(시 1:1-2).

시편 1:1-2 [1] 복 있는 사람은 악인의 꾀를 좇지 아니하며 죄인의 길에 서지 아니하며 오만한 자의 자리에 앉지 아니하고 [2] 오직 여호와의 율법을 즐거워하여 그 율법을 주야로 묵상하는 자로다

- **답** : 묵상하라
- **인도** : 복 있는 사람은 "여호와의 율법을 즐거워하여 그 율법을 주야로 묵상하는 자"라고 성경은 말해요. 율법이란, 하나님이 당신의 백성들에게 '이러이러하게 살아라' 하고 구체적으로 요구하신 말씀인데, 그 핵심이 바로 십계명에 담겨 있어요. 하나님의 백성은 말씀을 통해 자신들이 어떻게 살아야 하는지 날마다 묵상해야 돼요. 그냥, 대충, 마음 내키는 대로 사는 게 아니라 하나님의 말씀을 묵상하고 그 말씀대로 살기를 힘써야 해요.

2) 하나님의 계명을 __________(레 22:31).

레위기 22:31 너희는 내 계명을 지키며 행하라 나는 여호와이니라.

- **답** : 지키며 행하라
- **인도** : 하나님이 지키라고 주신 말씀을 묵상하는 데서 끝나서는 안 돼요. 그 다음에는 반드시 그 말씀을 따라 행동해야 돼요. 알면서도 행하지 않고, 말로만 "네, 네" 하는 것은 하나님의 말씀을 대하는 바른 태도가 아니에요.

3. 하나님의 계명을 지키는 자는 어떤 복을 받습니까?(출 20:6, 마 5:19)

출애굽기 20:6 나를 사랑하고 내 계명을 지키는 자에게는 천 대까지 은혜를 베푸느니라.

마태복음 5:19 그러므로 누구든지 이 계명 중의 지극히 작은 것 하나라도 버리고 또 그같이 사람을 가르치는 자는 천국에서 지극히 작다 일컬음을 받을 것이요 누구든지 이를 행하며 가르치는 자는 천국에서 크다 일컬음을 받으리라.

- **답** : 영원한 은혜, 영원한 상
- **인도** : 하나님은 당신의 계명을 사랑하고 지키는 자에게 '천 대까지' 은혜를 주겠다고 약속하세요. 이 말은 영원한 상을 의미해요. 하나님의 뜻대로 행할 때 우리는 영원한 상을 받게 돼요.

  하나님의 말씀을 잘 지키며 살아도 세상의 기준으로 볼 때 성공하거나 부자로 살지 못할 수 있어요. 하나님의 상은 영원한 하나님나라에서 받는 상이니까요. 그 상을 받는 사람은 그야말로 천국에서 큰 자가 되는 거예요. 그것은 세상에서 잠시 기쁨을 누리는 상과는 비교할 수 없이 귀한 상이에요.

핵심만 콕콕!

나는 하나님의 모든 계명을
소중히 묵상하며, 특별히 십계명을
암송하여 항상 그대로 살기 위해
힘쓰는 그리스도인이 된다.

OPEN LIFE 오픈라이프

나눔 하나님이 주신 말씀을 묵상하고 그대로 살기 위해 힘쓰고 있나요? 말씀을 묵상하거나 실천하고자 할 때 어떤 어려움이 있는지 얘기해보세요.

실천 십계명이 적힌 성경 본문을 함께 읽고 한 주 동안 묵상하며 외워봅시다.

출애굽기 20:1-17 1 하나님이 이 모든 말씀으로 말씀하여 이르시되 2 나는 너를 애굽 땅, 종 되었
던 집에서 인도하여낸 네 하나님 여호와니라 3 너는 나 외에는 다른 신들을 네게 두지 말라 4 너
를 위하여 새긴 우상을 만들지 말고 또 위로 하늘에 있는 것이나 아래로 땅에 있는 것이나 땅
아래 물 속에 있는 것의 어떤 형상도 만들지 말며 5 그것들에게 절하지 말며 그것들을 섬기지 말
라 나 네 하나님 여호와는 질투하는 하나님인즉 나를 미워하는 자의 죄를 갚되 아버지로부터 아
들에게로 삼사 대까지 이르게 하거니와 6 나를 사랑하고 내 계명을 지키는 자에게는 천 대까지
은혜를 베푸느니라 7 너는 네 하나님 여호와의 이름을 망령되게 부르지 말라 여호와는 그의 이름
을 망령되게 부르는 자를 죄 없다 하지 아니하리라 8 안식일을 기억하여 거룩하게 지키라 9 엿새
동안은 힘써 네 모든 일을 행할 것이나 10 일곱째 날은 네 하나님 여호와의 안식일인즉 너나 네
아들이나 네 딸이나 네 남종이나 네 여종이나 네 가축이나 네 문안에 머무는 객이라도 아무 일
도 하지 말라 11 이는 엿새 동안에 나 여호와가 하늘과 땅과 바다와 그 가운데 모든 것을 만들고
일곱째 날에 쉬었음이라 그러므로 나 여호와가 안식일을 복되게 하여 그날을 거룩하게 하였느
니라 12 네 부모를 공경하라 그리하면 네 하나님 여호와가 네게 준 땅에서 네 생명이 길리라 13 살
인하지 말라 14 간음하지 말라 15 도둑질하지 말라 16 네 이웃에 대하여 거짓 증거하지 말라 17 네 이
웃의 집을 탐내지 말라 네 이웃의 아내나 그의 남종이나 그의 여종이나 그의 소나 그의 나귀나
무릇 네 이웃의 소유를 탐내지 말라.

Tip : 십계명을 문자 그대로 외우는 것이 좋지만 보다 쉽게 외우기 위해 다음과 같은 방법도 생각해보자. 달리 재미있는 문장을 학생들과 함께 만들어보는 것도 좋다.

일 : 절 나 외에는 다른 신을 두지 말라.

이 : 상한 우상을 섬기지 말라.

삼 : 가 하나님의 이름을 망령되게 하지 말라.

사 : 업을 하지 말고 안식일을 거룩하게 지키라.

오 : 마니 아버지(부모님)를 공경하라.

육 : 혈포(대포-일종의 살인 무기)로 살인하지 말라.

칠 : 보단장한 여인을 간음하지 말라.

팔 : 로 도적질하지 말라.

구 : 차한 변명으로 거짓 증거하지 말라.

십 : 원이라도 남의 것을 탐내지 말라.

하나님의 말씀을 사랑하고, 말씀 가운데서 하나님이 명하시는 것에 기쁜 마음으로 순종할 수 있는 자녀가 되게 해주세요.

session 02

1계명 : 다른 신을 섬기지 말라

너는 나 외에는 다른 신들을 네게 두지 말라(출 20:3).

OPEN MIND 오픈마인드

Who's Who?

제우스(그리스) 비너스(그리스) 시바(인도)

아누비스(이집트) 용왕(한국) 염라대왕(한국)

하나님 외에 아는 신(神)들의 이름을 하나씩 대보고 그 신들에 대해 아는 대로 얘기해보세요.

1. 우리가 섬길 유일한 신은 누구입니까?(사 44:6, 딤전 6:15)

이사야 44:6 이스라엘의 왕인 여호와, 이스라엘의 구원자인 만군의 여호와가 이같이 말하노라 나는 처음이요 나는 마지막이라 나 외에 다른 신이 없느니라.

디모데전서 6:15 기약이 이르면 하나님이 그의 나타나심을 보이시리니 하나님은 복 되시고 유일하신 주권자이시며 만왕의 왕이시며 만주의 주시요.

- **답** : 여호와 하나님
- **인도** : 십계명의 제1계명은 오직 하나님 한 분만 섬길 것을 명령하고 있어요. 하나님만이 유일한 참 신이니까요. 세상을 창조하신 하나님 말고 다른 신은 없어요. 세상은 하나님의 것이고, 하나님은 모든 것의 주인이세요. 그렇다면 다른 종교에서 말하는 신이란 무엇일까요? 성경은 이에 대해서도 분명하게 설명하고 있어요. 다음 문제에서 살펴보도록 해요.

2. 다른 신은 무엇이며 어떻게 생겨나게 되었습니까?(대상 16:26, 렘 2:28)

역대상 16:26 만국의 모든 신은 헛것이나 여호와께서는 하늘을 지으셨도다.

예레미야 2:28 너를 위하여 네가 만든 네 신들이 어디 있느냐 그들이 네가 환난을 당할 때에 구원할 수 있으면 일어날 것이니라 유다여 너의 신들이 너의 성읍 수와 같도다.

- **답** : 헛된 것, 인간이 만든 것
- **인도** : 성경은 하나님 외에 다른 신은 '헛것' 이라고 말해요. 헛것이란 실제로 존재하지 않는다는 의미예요. 예레미야서 2장 28절 말씀처럼 다른 신들은 인간이 자기를 위해 만든 신이에요. 이런 신들은 인간의 욕망을 따라 만들어졌기 때문에 인간의 취향만큼이나 다양한 모양으로 존재해

요. 그래서 그 신들의 수가 "너의 성읍 수와 같도다"라고 말하고 있어요. 산에 사는 사람은 산신령, 바다에 사는 사람은 용왕을 섬기는 거예요. 모두 자기들의 필요와 취향을 반영하지요.

그런데 이런 신들은 전능자가 아니에요. 인간이 받드는 것처럼 보이지만 실은 인간에게 철저히 이용당하고 있어요. 사람이 이들 신을 섬기는 것은, 그들이 섬김을 받을 만큼 참되고 선하거나 만물의 주인이기 때문이 아니에요. 그저 내가 잘 먹고 잘 살고자 만든 신들이기 때문에 그들을 섬기는 목적은 '나 자신'에게 있을 뿐이에요. 결국 사람들이 진정 섬기는 것은 '자신'과 '자신의 욕망'인 셈이에요. 그러므로 다른 신들은 부질없이 인간의 안녕과 행복을 비는 '부적' 같은 소모품에 지나지 않아요. 진정한 의미에서 이런 신을 신이라고 할 수는 없어요.

이런 신은 꼭 '○○ 신' 하는 이름을 갖지 않더라도 우리 마음속에 존재할 수 있어요. 하나님보다 더 소중히 여기는 것, 내가 절대 포기하지 못하는 것들이 모두 '다른 신들'이에요. 하나님보다 공부 혹은 이성 친구를 우선시 한다면 그 순간만큼은 우리 마음에 하나님 외에 다른 신을 품는 것과 같아요.

3. 제1계명은 우리에게 어떻게 살라고 명령합니까?(시 5:7, 신 6:25)

시편 5:7 오직 나는 주의 풍성한 사랑을 힘입어 주의 집에 들어가 주를 경외함으로 성전을 향하여 예배하리이다.

신명기 6:25 우리가 그 명령하신 대로 이 모든 명령을 우리 하나님 여호와 앞에서 삼가 지키면 그것이 곧 우리의 의로움이니라 할지니라.

● **답** : 하나님만 예배하고 그분의 말씀에 순종하며 살라

● **인도** : 우리는 겸손한 마음으로 하나님께 예배하며 하나님이 요구하시는 대로 거룩하고 의롭게 살기 위해 힘써야 해요. 오직 하나님만 옳고 완전한 분이기 때문에 '나'를 죽이고 하나님께 철저히 순종하며 사는 거예

요. 삶 속에서 하나님만 높이고, 내 마음속에 있을지 모르는 '하나님보다 더 소중하게 여기는 다른 신'을 없애는 싸움을 날마다 해야 돼요.

핵심만 콕콕!

나는 세상을 지으신 창조주,
유일신인 여호와 하나님만 경배하며
그분의 말씀에 순종한다.

OPEN LIFE 오픈라이프

나눔 내 삶 속에 하나님보다 더 소중히 여기고 앞세우는 것이 있는지 돌아보세요. 언제, 어떤 상황에서 그렇게 되기 쉬운가요?

실천 삶 속에서 하나님을 가장 높이기 위해 내가 가장 먼저 개선하고 실천해야 할 일은 무엇인지 적고 한 주 동안 실천에 옮겨보세요.

하나님, 하나님만이 유일한 창조주이고 제가 섬겨야 할 참 신임을 날마다 고백할 수 있게 해주세요. 제 마음속에 하나님보다 더 소중하게 여기는 것이 없게 해주세요.

session 03

2계명 : 우상을 만들지 말라

너를 위하여 새긴 우상을 만들지 말고 또 위로 하늘에 있는 것이나 아래로 땅에 있는 것이나 땅 아래 물 속에 있는 것의 어떤 형상도 만들지 말며 그것들에게 절하지 말며 그것들을 섬기지 말라(출 20:4-5).

OPEN MIND 오픈마인드

† 필리핀의 세부라는 지역에는 세계 최초로 세계일주를 한 마젤란이 세웠다고 전해지는 나무 십자가가 있습니다. 1521년 필리핀 최초로 추장 라자 후마본과 그 일족 800명이 기독교로 개종하고 세례 받은 것을 기념하기 위해 만들었다고 합니다. 이 나무 십자가를 보호하기 위해 1834년에 팔각정이 건립되었습니다. 천장에 그려진 벽화에는 당시의 세례 의식 광경이 잘 나타나 있습니다. 이 십자가는 지금 단단한 나무로 덮개를 해놓았습니다. 그 이유는 십자가를 조금씩 떼어가는 사람이 끊이지 않았기 때문이라는데요. 현지인들은 이 십자가를 영험하게 여겨서 십자가를 조금 떼어 달여 마시면 병이 낫는다는 믿음이 있다고 합니다.

십자가에 대한 현지인들의 믿음을 어떻게 생각하나요?

1. 이집트를 탈출한 이스라엘은 모세가 시내 산에 올라간 사이 우상을 만들어서 섬기고 맙니다. 이스라엘 백성이 만든 것은 어떤 신의 우상이었습니까? 또 어떤 모양이었습니까?(출 32:4-6)

출애굽기 32:4-6 [4] 아론이 그들의 손에서 금 고리를 받아 부어서 조각칼로 새겨 송아지 형상을 만드니 그들이 말하되 이스라엘아 이는 너희를 애굽 땅에서 인도하여낸 너희의 신이로다 하는지라 [5] 아론이 보고 그 앞에 제단을 쌓고 이에 아론이 공포하여 이르되 내일은 여호와의 절일이니라 하니 [6] 이튿날에 그들이 일찍이 일어나 번제를 드리며 화목제를 드리고 백성이 앉아서 먹고 마시며 일어나서 뛰놀더라.

- **답** : 이집트에서 자신을 인도해낸 신(여호와), 금송아지 모양
- **인도** : 우상이란 신을 눈에 보이는 형태로 만든 상(像)을 말해요. 사람들은 여러 형상으로 신을 만들어 섬겼어요. 그래서 우상을 만들지 말라는 두 번째 계명은 "나 외에는 다른 신을 두지 말라"는 첫 번째 계명과 크게 다르지 않은 것처럼 보일 수 있어요. 하지만 두 번째 계명에는 첫 번째 계명에서 말하지 않는 중요한 의미가 담겨 있어요. 그것은 하나님을 특정한 우상의 모습으로 만들지 말라는 명령이에요.

  하나님의 은혜로 이집트 노예 생활에서 벗어난 이스라엘은 모세가 하나님을 만나러 시내 산에 올라간 사이에 금송아지 상을 만들고, 그것을 여호와 하나님이라고 불렀어요. 그들은 다른 신을 섬기려고 한 것은 아니었어요. 다만 자신들의 불안한 마음을 달래고자 나름대로 하나님의 형상을 화려하게 만든 거예요.

2. 이런 이스라엘 백성에게 하나님은 뭐라고 말씀하십니까?(출 32:7-10)

출애굽기 32:7-10 [7] 여호와께서 모세에게 이르시되 너는 내려가라 네가 애굽 땅에서 인도하여낸

네 백성이 부패하였도다 [8] 그들이 내가 그들에게 명령한 길을 속히 떠나 자기를 위하여 송아지를 부어 만들고 그것을 예배하며 그것에게 제물을 드리며 말하기를 이스라엘아 이는 너희를 애굽 땅에서 인도하여 낸 너희 신이라 하였도다 [9] 여호와께서 또 모세에게 이르시되 내가 이 백성을 보니 목이 뻣뻣한 백성이로다 [10] 그런즉 내가 하는 대로 두라 내가 그들에게 진노하여 그들을 진멸하고 너를 큰 나라가 되게 하리라.

● **답** : 백성이 부패했다. 목이 뻣뻣한 백성이로다. 진노하여 진멸하리라.

● **인도** : 하나님은 이스라엘 백성들이 부패했다고 말씀하세요. 심각한 죄에 빠졌다는 거예요. 그 죄는 '목이 뻣뻣한' 것과 관계가 있어요. 즉 고집이 세다는 뜻이에요. 여기에서 고집이 세다는 것은 하나님을 자기 고집대로 하려고 한다는 말이에요. 하나님의 말씀에 순종하는 것이 아니라 하나님을 자기들의 필요에 따라 자기들이 원하는 모양으로 만들고 자기 방식대로 예배하는 거예요.

하나님은 인간이 당신을 특정한 형상으로 만드는 것을 절대 용납하지 않으세요. 우리는 영이신 하나님을 그렇게 규정할 수 없어요. 다만 철저히 하나님의 뜻에 따라 그분을 섬겨야 해요. 하나님은 우리가 특정한 형상을 만들어 놓고, 그것이 마치 하나님과 우리를 연결해주는 통로인 양 여기며 기도하고 예배하는 모든 행위를 금지하세요. 그 형상이 하나님이라고 불리는 송아지가 되었든, 십자가가 되었든, 마리아 상이 되었든 말이에요. "하나님은 영이시니 예배하는 자가 영과 진리로 예배할지니라"(요 4:24). 우리는 오직 성령과 진리(그리스도) 안에서 영이신 하나님과 소통할 수 있어요. 그외 다른 것은 끼어들 수 없어요. 하나님은 당신을 우상으로 만드는 것, 그것을 통해 기도하고 예배하는 것을 몹시 미워하세요. 그래서 이스라엘은 하나님의 큰 진노를 피할 수 없게 돼요.

3. 결국 제2계명을 통해 하나님이 우리에게 요구하시는 것은 무엇입니까? 빈 칸을 채워보세요(행 17:24-25).

사도행전 17:24-25 [24] 우주와 그 가운데 있는 만유를 지으신 신께서는 천지의 주재시니 손으로 지은 전에 계시지 아니하시고 25 또 무엇이 부족한 것처럼 사람의 손으로 섬김을 받으시는 것이 아니니 이는 만민에게 생명과 호흡과 만물을 친히 주시는 자이심이라.

"하나님을 ______ 뜻에 맞추려 하지 말고,
너를 하나님의 _____에 맞춰라"

- **답** : 너의(네), 뜻에
- **인도** : 영이신 하나님을 특정한 형상으로 만든다는 것은 이미 하나님을 인간 마음대로 규정하고 있다는 의미예요. 하나님을 인간의 필요에 따라 마음대로 움직일 수 있는 우상처럼 여기고 있다는 뜻도 되고요. 하나님은 이런 일을 절대 용납하지 않으세요. 하나님은 온 세상을 주관하시는 창조주이며 전능자세요. 그러므로 우리가 하나님의 뜻을 구하고 그 뜻에 순종하며 살아야지 하나님을 우리 뜻대로 움직이려고 해서는 안 돼요.
실제로 하나님을 특정한 형상으로 만들지는 않았다 하더라도 내 욕심과 고집대로 하나님을 조정하려는 것, 그것이 결국 하나님을 우상으로 만드는 것과 다름없다는 사실을 기억하세요.

핵심만 콕콕!

나는 내 욕심에 따라 하나님을
우상처럼 섬기지 않고, 오직 전능하신
창조주로 인정하며 그 뜻에 순종한다.

OPEN LIFE 오픈라이프

나눔 기도하는 중에 자신도 모르게 하나님을 조종하거나 이용하려고 했던 적은 없었는지 얘기해보세요.

실천 하나님 편에서 그분의 마음을 기쁘게 해드릴 만한 일에 무엇이 있는지 생각해보세요. 그중에서 내가 할 수 있는 일을 골라서 한 주 동안 실천에 옮겨보세요.

하나님, 하고 싶은 말이나 필요한 것을 소리 높여 구하기 전에 하나님이 제게 뭐라고 말씀하시는지 귀 기울이고 순종할 수 있도록 도와주세요. 제 마음 중심에 언제나 주님이 계시길 원합니다.

session 04

3계명 : 하나님 이름을 더럽히지 말라

너는 네 하나님 여호와의 이름을 망령되게 부르지 말라 여호와는 그의 이름을 망령되게 부르는 자를 죄 없다 하지 아니하리라(출 20:7).

OPEN MIND 오픈마인드

다른 사람이 나를 어떤 태도로 대할 때 가장 화가 나나요?

● **인도** : 사람을 어떤 태도로 대하는가는 중요한 문제예요. 물론 하나님을 대할 때도 우리가 갖추어야 할 올바른 태도가 있어요.

1. 하나님의 이름 앞에서 우리가 취해야 할 합당한 태도는 무엇입니까?(시 29:2)

시편 29:2 여호와께 그의 이름에 합당한 영광을 돌리며 거룩한 옷을 입고 여호와께 예배할지어다.

● **답** : 영광을 돌리며, 거룩한 옷을 입고, 예배를 드림

● **인도** : 하나님의 이름은 '여호와'예요. 그런데 여기서 하나님의 이름이란 창조주, 주님, 예수님, 성령님, 성부 하나님 등 하나님을 가리키는 모든 이름을 말해요. 이름은 단순히 누군가를 부르기 위한 수단이 아니에요. 이름에는 상대의 인격과 성품, 속성이 담겨 있어요. 그리고 그에 따른 합당한 태도를 요구해요.

예를 들어 아버지, 어머니라는 이름을 가진 분에게 우리가 마땅히 갖추어야 할 태도가 있어요. 공경, 효도 같은 행동들이지요. 선생님, 선배, 친구들을 대할 때도 다들 그 이름에 걸맞게 갖춰야 할 태도가 있어요.

그렇다면 하나님에 대해서는 어떨까요? 당연히 여호와, 하나님, 주님이라고 부르는 분에게 우리가 마땅히 갖춰야 할 태도가 있어요. 바로 영광을 돌릴 것, 거룩한 옷을 입을 것, 예배를 드릴 것이에요. 영광을 돌린다는 것은 오직 하나님을 영광 받기에 합당한 한 분으로 인정하고 높인다는 뜻이에요. 거룩한 옷을 입는다는 것은 거룩한 삶, 죄를 멀리하고, 의로운 삶을 사는 것을 말해요.

2. "하나님의 이름을 더럽히지 말라"는 말은 구체적으로 어떤 행동을 금지하는 것입니까?

1) 맹세하고 약속할 때(레 19:12)

레위기 19:12 너희는 내 이름으로 거짓 맹세함으로 네 하나님의 이름을 욕되게 하지 말라 나는 여호와이니라.

- **답** : 하나님의 이름으로(또는 이름 앞에서) 거짓 맹세하지 말라.
- **인도** : 우리는 가끔 하나님의 이름으로 맹세하거나 하나님께 서원을 할 때가 있어요. 그럴 때는 정말 조심해야 돼요. 맹세나 서원에 거짓이 있다는 것은 하나님의 이름을 더럽히는 일이니까요.

  하나님의 이름을 직접 언급하지 않았다 해도 마찬가지예요. 예수님 시대에 유대인들은 하나님의 이름으로 거짓 맹세를 하지 않으려고 하나님의 이름을 언급하지 않고 하늘이나 땅, 예루살렘, 혹은 자기 머리에 대고 맹세를 했어요. 이렇게 맹세하면 나중에 설령 못 지켜도 하나님 앞에 죄가 안 된다고 생각한 거예요. 그러나 예수님은 어떤 이름으로 맹세하든 그 맹세는 모두 하나님 앞에서 하는 것이므로 거짓된 마음으로는 어떤 맹세도 하지 말라고 말씀하세요(마 5:33-37).

마태복음 5:33-37 33 또 옛 사람에게 말한바 헛맹세를 하지 말고 네 맹세한 것을 주께 지키라 하였다는 것을 너희가 들었으나 34 나는 너희에게 이르노니 도무지 맹세하지 말지니 하늘로도 하지 말라 이는 하나님의 보좌임이요 35 땅으로도 하지 말라 이는 하나님의 발등상임이요 예루살렘으로도 하지 말라 이는 큰 임금의 성임이요 36 네 머리로도 하지 말라 이는 네가 한 터럭도 희고 검게 할 수 없음이라 37 오직 너희 말은 옳다 옳다, 아니라 아니라 하라 이에서 지나는 것은 악으로부터 나느니라.

2) 예배드리고 생활할 때(겔 14:11, 22:26)

에스겔 14:11 이는 이스라엘 족속이 다시는 미혹되어 나를 떠나지 아니하게 하며 다시는 모든 죄로 스스로 더럽히지 아니하게 하여 그들을 내 백성으로 삼고 나는 그들의 하나님이 되려 함이라 주 여호와의 말씀이니라.

에스겔 22:26 그 제사장들은 내 율법을 범하였으며 나의 성물을 더럽혔으며 거룩함과 속된 것을 구별하지 아니하였으며 부정함과 정한 것을 사람이 구별하게 하지 아니하였으며 그의 눈을 가리어 나의 안식일을 보지 아니하였으므로 내가 그들 가운데에서 더럽힘을 받았느니라.

● **답** : 경건하지 못한 예배와 삶을 돌이키라. 죄를 멀리하라.

● **인도** : 하나님은 이스라엘의 제사장들이 하나님의 법인 율법을 따라 살지도 않고 바른 예배를 드리지도 않아 당신의 이름이 더럽혀졌다고 탄식하세요. 생각해보세요. 내가 청개구리처럼 부모님 말이라면 무조건 반대로 하고 이곳저곳 다니면서 못된 짓을 일삼으면 누구의 이름이 더럽혀질까요? 물론 당사자인 내가 먼저 욕을 먹겠지만 나의 부모님도 욕을 듣게 돼요. 마찬가지로 하나님의 자녀라면서 자녀답게 살지 못한다면 하나님의 이름에 먹칠을 하는 거예요. 아무도 모르게 은밀한 죄를 짓는다 해도 하나님의 자녀가 죄 가운데 있다는 것 자체가 하나님의 이름을 더럽히는 일이에요. 그러므로 "하나님의 이름을 더럽히지 말라"는 계명은, 우리에게 최선을 다해서 죄를 멀리하고 하나님의 법을 따라 경건한 예배와 삶을 지켜가라고 명하고 있어요.

핵심만 콕콕!

나는 하나님의 이름을 더럽히지
않기 위해 하나님 보시기에 합당하게
예배하고 생활하도록 힘쓴다.

OPEN LIFE 오픈라이프

나눔 지금까지 하나님에 대한 나의 태도를 한 마디로 요약해보세요. 그렇게 표현한 이유는 무엇인가요?

예 : 무관심, 절실함, 의뢰인, 어쩌다 한번, 심심풀이, 귀차니즘, 부담감 등

실천 하나님을 대하는 나의 태도 중에서 가장 먼저 고쳐야 할 점은 무엇인가요? 나의 태도를 개선하기 위한 방안을 생각해보고 한 주 동안 실천에 옮겨봅시다.

개선해야 할 태도	어떻게?

하나님의 자녀답게 바르게 예배하고 살아가기 원합니다. 평소 저의 말과 행동에서 그리스도의 향기가 배어나 하나님의 이름에 영광 돌릴 수 있도록 도와주세요.

session **05**

4계명 : 안식일을 거룩하게 지키라

안식일을 기억하여 거룩하게 지키라 (출 20:8)

OPEN MIND 오픈마인드

생일, 입학식, 졸업식, 기념일 등 지금까지 살아오면서 내게 가장 특별했던 날은 언제였나요?

● **인도** : 우리가 삶 속에서 특별하게 여기는 날이 있듯이 온 인류에게도 특별한 날이 있어요. 바로 하나님이 정하신 특별한 날, 안식일이에요.

1. 안식일이란 무엇입니까?(창 2:3)

창세기 2:3 하나님이 그 일곱째 날을 복되게 하사 거룩하게 하셨으니 이는 하나님이 그 창조하시며 만드시던 모든 일을 마치시고 그 날에 안식하셨음이니라.

● **답** : 하나님이 세상을 창조한 후 안식하신 날

● **인도** : 하나님은 엿새 동안 천지를 창조하고 일곱 번째 날에 안식하셨어요. 왜 안식하셨을까요? 엿새 동안 세상을 만드느라 너무 고단해서 쉬신 것일까요? 그럴 리 없지요. 하나님은 지치거나 쉼이 필요한 분이 아니니까요. 하나님은 일곱 번째 날에 아무 일도 하지 않으심으로 그날을 오직 하나님의 창조를 기념하는 복되고 거룩한 날로 구별하셨어요. 하나님의 손으로 온 세상을 창조하셨고, 하나님이 온 세상의 주인임을 선포하신 거예요. 구약시대에는 안식일을 토요일로 지키다가 신약시대 이후로 예수님이 부활하여 구약을 완성하신 주일로 지키고 있어요.

Tip : 주일은 율법적인 의미의 안식일이 아니라 교회 공동체가 신앙고백적 의미에서 함께 정한 안식의 날이다. 이에 대해서는 이 책 14-21쪽의 '율법과 복음의 관계'를 참조하라. 그러나 아직 성경에 대한 이해가 부족한 중·고등학생들에게는 이런 관계를 모두 이해시키기 힘들기 때문에, 일단 계율적인 의미로 주일을 꼭 성수할 것을 강조하는 편이 경건에 유익이 될 수 있다.

2. 안식일은 어떻게 거룩하게 지킵니까?(레 23:3, 사 66:23)

레위기 23:3 엿새 동안은 일할 것이요 일곱째 날은 쉴 안식일이니 성회의 날이라 너희는 아무 일도 하지 말라 이는 너희가 거주하는 각처에서 지킬 여호와의 안식일이니라.

이사야 66:23 여호와가 말하노라 매월 초하루와 매 안식일에 모든 혈육이 내 앞에 나아와 예배하리라.

● **답 :** 일하지 않고 쉬며 예배를 드림

● **인도 :** 하나님은 안식일에는 일을 멈추고 쉬라고 우리에게 명령하세요. 일하는 것이 나빠서일까요? 아니에요. 우리의 노동은 하나님의 창조 사역에 동참하는 일인 걸요. 하나님이 만드신 세상에서 세상을 위해 일하는 것이니까요. 하나님은 우리가 엿새 동안은 당신의 창조 사역에 동참하는 의미에서 노동함으로써 순종하길 원하세요. 그리고 7일째는 하나님의 안식에 동참함으로써 순종하길 원하세요. 안식할 때는 노동을 하지 않아요. 하나님이 일을 하지 않으셨으니까요.

이렇게 생각해볼까요? 우리가 엿새 동안 하나님과 함께 일하며 살았는데 7일째가 되면서 일이 없어진 거예요. 그러면 뭐가 남나요? 맞아요. 하나님과 우리만 남아요. 그러면 우리는 뭘 하게 될까요? 하나님만 바라보고, 하나님을 찬양하고, 하나님께 감사하는 일만 하게 되겠지요. 그것이 바로 안식이에요.

그래서 안식일에 우리는 하나님의 창조주 되심을 기리고 높이면서, 그분이 허락하신 모든 것에 감사하고, 하나님이 우리 삶의 주인 되심을 인정하며 예배드리고 더욱 경건에 힘쓰는 거예요.

3. 안식일을 지킨다는 것은 우리 삶에 어떤 의미입니까?(사 43:1, 롬 14:8)

이사야 43:1 야곱아 너를 창조하신 여호와께서 지금 말씀하시느니라 이스라엘아 너를 지으신 이가 말씀하시느니라 너는 두려워하지 말라 내가 너를 구속하였고 내가 너를 지명하여 불렀나니 너는 내 것이라.

로마서 14:8 우리가 살아도 주를 위하여 살고 죽어도 주를 위하여 죽나니 그러므로 사나 죽으나 우리가 주의 것이로다.

- **답** : 나의 삶이 모두 주님의 것이라는 의미
- **인도** : 안식일은 하나님이 온 세상을 지으셨음을 기억하며 하나님만 바라보는 날이에요. '하나님으로 인해 내가 존재한다. 세상이 존재한다. 하나님은 창조주요 나의 주인이시다.' 하나님이 나의 전부라는 것, 이것이 안식일을 지키는 우리 모두의 고백이 되어야 해요.

  바꿔 말하면, 안식일을 지키기 위해선 모든 것을 주님께 맡기는 태도가 필요하다는 뜻이기도 해요. '주일에 일하면 돈을 더 많이 벌 텐데…', '예배드릴 시간에 수학 문제를 하나라도 더 풀어야 성적이 오를 텐데…' 하는 욕심이나 걱정을 하나님께 맡기는 거예요. 그러면 요즘같이 바쁜 시대에 시간 활용을 제대로 못해 당장은 손해를 보는 것 같지만, 하나님의 원리대로 사는 게 결코 손해가 아니라는 사실을 언젠가 알게 될 거예요. '하나님의 뜻대로 사는 것이 최선' 이라는 믿음이 필요해요.

핵심만 콕콕!

나는 안식일을 기억하고 거룩하게 지킴으로써
하나님이 창조주이며 나의 주인이라는
사실을 온전하게 고백한다.

오픈라이프

나눔 매주 주일 예배를 잘 드리고 있나요? 잘 드린다면 혹은 드리지 못한다면 그 이유는 무엇인가요?

Tip : 주일 예배에 잘 참석한다고 해서 반드시 그 학생의 믿음이 좋다고 볼 수는 없다. 부모나 친구 손에 이끌려서 어쩔 수 없이, 주일에 교회 안 가면 왠지 찜찜해서, 그냥 습관적으로 등 교회에 나오는 이유는 다양할 수 있다. 우리가 주일을 잘 지키는, 혹은 지키지 못하는 이유를 편안하게 얘기해보도록 하자.

실천 주일을 잘 지키기 위해 내가 극복해야 할 가장 큰 장애물은 무엇인가요? 나는 무엇을 하나님께 맡겨야 할까요?

Tip : 늦잠, 친구의 유혹, 부모님의 반대 같이 겉으로 드러나는 구체적인 요인과 더불어 남에게 뒤처질 것 같은 두려움, 무언가 더 하고 싶은 욕구 같은 내적 요인까지 모두 생각해보도록 인도한다.

주님이 허락하신 안식을 온전히 누리며 온 세상의 창조주이자 제 삶의 주인이신 하나님께 감사와 찬양을 드리기 원합니다.

session 06

5계명 : 네 부모를 공경하라

네 부모를 공경하라 그리하면 네 하나님 여호와가
네게 준 땅에서 네 생명이 길리라(출 20:12).

OPEN MIND 오픈마인드

엄마, 아빠는 내게 ______________________________이다.

● **인도** : 오늘 나눌 말씀은 부모에 관한 제5계명이에요.

1. 십계명은 자녀가 부모에게 마땅히 어떤 태도를 가져야 한다고 말합니까?(엡 6:1-3)

에베소서 6:1-3 [1] 자녀들아 주 안에서 너희 부모에게 순종하라 이것이 옳으니라 [2] 네 아버지와 어머니를 공경하라 이것은 약속이 있는 첫 계명이니 [3] 이로써 네가 잘되고 땅에서 장수하리라.

● **답** : 순종, 공경

● **인도** : 부모를 공경하고 그 뜻에 순종하는 것을 성경은 매우 중요하게 생각해요. 십계명만 해도 1계명에서 4계명은 하나님에 대한 명령이고, 5계명에서 10계명은 사람에 대한 명령인데 사람에 대한 명령 중에서 "네 부모를 공경하라"가 가장 먼저 나와요. 게다가 에베소서 6장 2절에서 말하듯이 이 계명은 "약속이 있는 첫 계명"으로서 장수를 약속하고 있어요. 이 말은 효도하면 무조건 오래 산다는 의미는 아니지만, 일반적인 원리로 볼 때 효도하는 가정이나 공동체에서 장수가 가능해지는 것은 분명해요. 아울러 이 말은 이 계명을 참으로 지키는 하나님의 백성에게 하나님의 돌보심과 상이 함께한다는 뜻이기도 해요.

2. 부모의 권위는 어디로부터 온 것입니까?(롬 13:1)

로마서 13:1 각 사람은 위에 있는 권세들에게 복종하라 권세는 하나님으로부터 나지 않음이 없나니 모든 권세는 다 하나님께서 정하신 바라.

● **답** : 하나님

● **인도** : 성경은 모든 권세와 권위가 하나님으로부터 났다고 말해요. 국가

지도자, 군인, 경찰, 교사, 목사, 부모, 형제, 선배 등 모든 인간관계에는 권위와 질서가 있는데, 우리는 그것을 마땅히 존중해야 돼요.
요즘은 워낙 개인의 자유와 권리를 강조하다보니 권위조차 무시되는 경향이 있어요. 가정에서도 부모님 말씀이라면 무조건 순종해야 했던 과거와는 달리 자녀의 의견을 존중하는 분위기예요. 물론 가족 간에 서로 의견을 나누고 존중하는 것은 좋은 일이에요. 하지만 자녀가 "내 인생은 내 것" 식의 태도를 갖는 것은 곤란해요. "내가 공부를 하든 말든, 게임을 하든 말든, 친구를 사귀든 말든 아무 간섭도 하지 말라"고 주장하는 것은 부모의 권위를 침범하는 일이에요. 부모는 어느 정도 자녀의 삶에 간섭하고 충고할 수 있는 자격과 권위를 가지고 있어요. 그것을 정당한 이유나 정중한 설득 없이 무조건 잔소리라고 여기고 무시하는 것은 하나님을 무시하는 것과 다르지 않다는 점을 꼭 기억하세요.

3. 제5계명은 넓은 의미에서 인간 사이의 질서에 대한 명령입니다. 모든 인간관계에 있어 우리는 기본적으로 어떤 태도를 가져야 합니까?(엡 5:21)

에베소서 5:21 그리스도를 경외함으로 피차 복종하라.

● **답** : 서로 복종하는 태도

● **인도** : 권위는 하나님으로부터 온 것이므로 권위를 가진 사람은 자만하지 말고 두려운 마음으로 권위를 선한 일에 써야 해요. 권위를 마음대로 남용하는 사람에게 하나님은 그 책임을 물으실 거예요. 한편, 권위 아래 있는 사람은 권위를 부여하신 하나님을 생각하며 권위 가진 사람을 존중하고 따라야 해요. 그런데 권위를 가진 사람이 그것을 하나님이 원치 않으시는 방향으로 함부로 쓸 경우, 우리는 그 권위에 반대할 수 있어요. 하지만 내 생각이나 취향과 다르다는 이유로 권위를 무시하는 것은 하나

님의 뜻에 어긋나요. 권위를 가진 사람을 판단하고 평가할 때는 언제나 신중해야 돼요. 그러므로 권위를 가진 사람은 자신의 권위를 사용해 다른 사람을 섬기며 복종하고, 권위 아래 있는 사람 역시 상대의 권위를 존중하고 복종해야 돼요. 각자 처한 위치는 달라도 하나님의 자녀로서 서로를 섬기며 서로에게 복종해야 한다는 점은 다르지 않아요.

핵심만 콕콕!

나는 부모님을 공경하며 순종할 뿐 아니라
하나님이 주신 모든 권위 앞에서
겸손한 태도를 갖기에 힘쓴다.

OPEN LIFE 오픈라이프

나눔 부모님과 사이가 어떤 편인가요? 관계에 있어 힘든 부분이 있다면 얘기해보세요.

실천 부모님에게 사랑과 공경을 표현하기 위해 이번 주에 할 수 있는 일을 적고 실천에 옮겨보세요.

하나님이 제게 주신 부모님을 공경하고, 모든 인간관계에 있어 사랑과 존중을 실천하는 자녀가 되게 해주세요.

session 07

6계명 : 살인하지 말라

살인하지 말라(출 20:13).

OPEN MIND 오픈마인드

청소년이 자살을 생각하는 이유

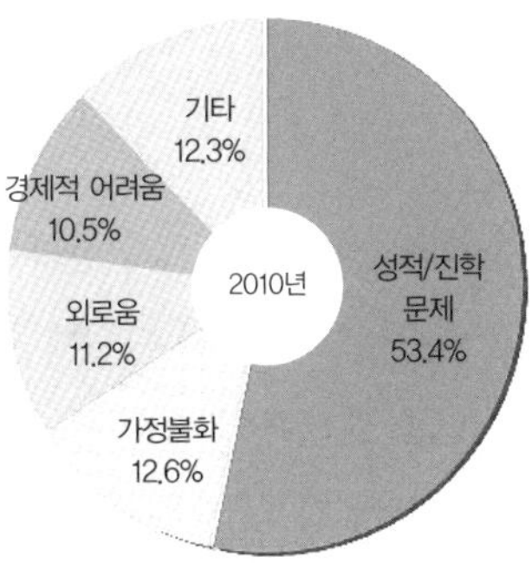

10대 자살 사망자

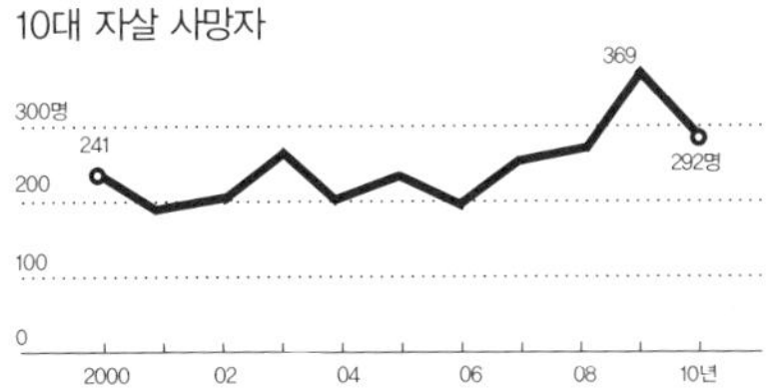

10대의 사망 원인

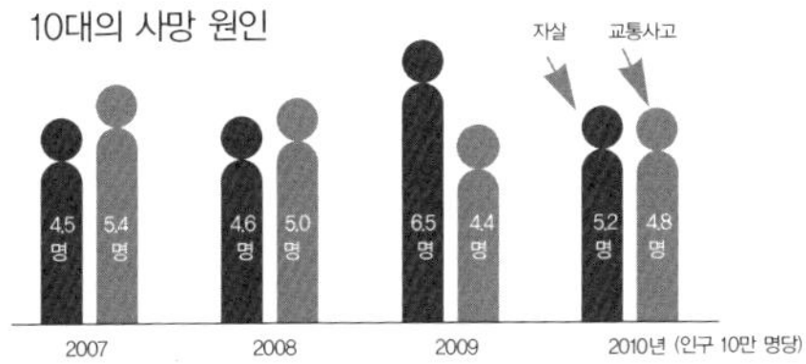

대한민국 청소년의 사망 원인 1위가 자살로 밝혀져 충격을 주고 있다. 통계청에 따르면 2010년 한 해 동안 발생한 15-19세 청소년 자살자는 292명이었다. 10대들의 사망 원인은 2008년까지는 교통사고가 1위였지만, 2009년부터 자살이 1위로 바뀌었다. 10대 청소년이 자살이라는 극단적인 충동에 빠지는 이유는 성적/진학문제가 53.4%로 가장 높았고, 가정불화와 외로움, 경제적 어려움이 그 뒤를 이었다. 청소년상담 전문가들은 "청소년이 자살을 선택하는 데는 복합적인 원인이 조금씩 영향을 미쳐 결과적으로 극단적인 선택으로 이어지는 경우가 많으므로 혼자 문제를 안고 있기보다는 주변 사람들과 소통하는 것이 중요하다"고 조언한다. 〈출처 : 통계청〉

이런 통계 자료나 뉴스를 보면 어떤 생각이 드나요?

● **인도** : 오늘 함께 배울 말씀은 '생명'에 관한 제6계명이에요.

1. "살인하지 말라"는 계명이 금지하는 것은 무엇입니까?

1) 타인의 생명에 대하여(민 35:31, 창 9:6)

민수기 35:31 고의로 살인죄를 범한 살인자는 생명의 속전을 받지 말고 반드시 죽일 것이며.

창세기 9:6 다른 사람의 피를 흘리면 그 사람의 피도 흘릴 것이니 이는 하나님이 자기 형상대로 사람을 지으셨음이니라.

● **답** : 고의로 타인의 생명을 해하지 말라

● **인도** : "살인하지 말라"는 것은 말 그대로 타인의 생명을 해치지 말라는 의미예요. 구약의 율법에 따르면 고의로 살인한 자는 반드시 사형에 처해졌어요. 생명을 생명으로 갚는 것이죠. 그만큼 살인은 무거운 범죄예요. 단, 실수로 사람을 죽인 사람은 '도피성'이라는 장소에 피하여 생명을 지킬 수 있었어요(신 4:42, 19:4). 이제 우리는 구약의 율법을 문자 그대로 따를 필요는 없어요. 하지만 살인이 중대한 범죄라는 의미만큼은 예나 지금이나 여전해요.

Tip : 도피성에 관한 성경 구절은 다음과 같다.

신명기 4:42 이는 과거에 원한이 없이 부지중에 살인한 자가 그곳으로 도피하게 하기 위함이며 그 중 한 성읍으로 도피한 자가 그의 생명을 보전하게 하기 위함이라.

신명기 19:4 살인자가 그리로 도피하여 살 만한 경우는 이러하니 곧 누구든지 본래 원한이 없이 부지중에 그의 이웃을 죽인 일.

2) 자기 생명에 대하여(행 16:28-29)

사도행전 16:28-29 [28] 간수가 자다가 깨어 옥문들이 열린 것을 보고 죄수들이 도망한 줄 생각하고 칼을 빼어 자결하려 하거늘 [29] 바울이 크게 소리 질러 이르되 네 몸을 상하지 말라 우리가 다 여기 있노라 하니.

● **답** : 자살하지 말라

● **인도** : "살인하지 말라"는 계명에는 자기 목숨을 스스로 끊는 것을 금하는 일도 포함돼요. 자기 생명이라고 해서 자기 것이 아니기 때문이에요. 생명은 하나님이 주신 것이기 때문에 자기 마음대로 해서는 안 돼요.

3) 미움에 대하여(요일 3:15)

요한일서 3:15 그 형제를 미워하는 자마다 살인하는 자니 살인하는 자마다 영생이 그 속에 거하지 아니하는 것을 너희가 아는 바라.

● **답** : 미워하지 말라

● **인도** : 예수님은 형제를 미워하는 것이 곧 살인이라고 말씀하셨어요. 물론 실제로 사람을 죽이는 것과 마음으로 미워하는 것의 무게는 달라요. 죄에도 상대적으로 더 무거운 죄가 있어요. 누군가를 의도적으로 죽인 것과 실수로 죽인 것에 차이가 있듯이 말이에요. 실제 살인은 마음속 살인인 미움보다 훨씬 무거운 죄예요. 하지만 미움도 살인인 것은 분명해요. 그러므로 "살인하지 말라"는 계명은 형제를 미워하는 마음, 증오심, 복수심까지도 금지하는 명령인 거예요.

2. "살인하지 말라"는 계명을 적극으로 실천하는 사람이 가져야 할 태도는 무엇입니까?(요 15:13, 약 5:20)

요한복음 15:13 사람이 친구를 위하여 자기 목숨을 버리면 이보다 더 큰 사랑이 없나니.

야고보서 5:20 너희가 알 것은 죄인을 미혹된 길에서 돌아서게 하는 자가 그의 영혼을 사망에서 구원할 것이며 허다한 죄를 덮을 것임이라.

● **답** : 형제의 생명을 사랑하고, 최선을 다해 생명의 복음을 전하는 태도

● **인도** : "살인하지 말라"는 계명은 생명을 해치지 말라는 의미였어요. 이 계명을 적극적으로 실천한다는 것은 단순히 생명을 해치지 않는 것을 넘어 지키기 위해 힘쓴다는 의미라고 할 수 있어요. 상대의 생명을 존중하고 보존하기 위해 힘쓰는 것을 가리켜 성경은 '사랑'이라고 말해요. 이 사랑 안에는 생명이 있어요.

우리는 한 걸음 더 나아가 육체의 생명뿐 아니라 영혼의 생명을 구하기 위해 예수님의 복음을 증거해야 돼요. 죽어가는 영혼을 그대로 내버려둔다면 "살인하지 말라"는 계명을 어기는 일이 될 거예요. 그러므로 최선을 다해 생명의 복음을 증거해야 돼요.

핵심만 콕콕!

나는 생명을 소중하게 여기며,
생명을 지키기 위해 사랑을 나누고
복음을 전하는 일에 힘쓴다.

OPEN LIFE 오픈라이프

나눔 마음속으로 정말 미워했거나 현재 미워하고 있는 친구가 있나요? 그런 마음을 어떻게 극복하고 다스릴지 얘기를 나눠보세요.

실천 요즘 들어 부쩍 힘들어 하는 친구가 주변에 없는지 주의 깊게 돌아보세요. 있다면 그 친구를 위해 무슨 일을 할 수 있을지 생각하고 그것을 실천에 옮겨봅시다.

내 친구 ___________

내가 해줄 수 있는 일

....

....

....

....

....

우리 생명의 주인이 우리 각자가 아니라 하나님임을 알았습니다. 제 자신뿐만 아니라 다른 사람의 생명을 소중히 여기고 지키기 위해 사랑을 나누고 전도하는 데 힘쓸 수 있게 도와주세요.

session 08

7계명 : 간음하지 말라

간음하지 말라(출 20:14)

OPEN MIND 오픈마인드

내가 생각하는 결혼은 어떤 것인지 생각나는 대로 얘기해보세요.

● **인도** : 오늘의 주제는 제7계명, 결혼과 성에 관련된 말씀이에요.

1. "간음하지 말라"는 계명이 금지하는 행위는 무엇입니까?

1) __________하지 않은 남녀가 성적 관계를 갖는 것(레 20:10, 신 22:20-21)

레위기 20:10 누구든지 남의 아내와 간음하는 자 곧 그의 이웃의 아내와 간음하는 자는 그 간부와 음부를 반드시 죽일지니라.

신명기 22:20-21 [20] 그 일이 참되어 그 처녀에게 처녀의 표적이 없거든 [21] 그 처녀를 그의 아버지 집 문에서 끌어내고 그 성읍 사람들이 그를 돌로 쳐 죽일지니 이는 그가 그의 아버지 집에서 창기의 행동을 하여 이스라엘 중에서 악을 행하였음이라 너는 이와 같이 하여 너희 가운데서 악을 제할지니라.

● **답** : 결혼

● **인도** : 간음이란 부부가 아닌 남녀가 성관계를 갖는 것을 뜻해요. 성경은 기본적으로 결혼한 상대 외에는 성관계를 금하고 있어요. 구약의 율법에서는 간음을 사형으로 다룰 만큼 큰 죄로 여겼어요. 물론 예수님이 이 땅에 오셔서 구약의 율법을 완성하셨기 때문에 그것을 문자 그대로 따를 필요는 없게 되었지만, 그 의미만큼은 여전히 살아서 우리에게 죄가 무엇인지 알려주고 있어요.

요즘에는 '사랑'이라는 말로 혼전 성관계를 합리화할 때가 많아요. 아예 사랑 없이도 할 수 있는 유희 중 하나라고 가볍게 생각하는 사람도 많아졌어요. 그러나 아무리 많은 사람들이 자기합리화를 해도 그것이 하나님이 가증하게 여기시는 죄라는 사실에는 변함이 없어요.

2) __________ (레 18:22, 롬 1:27)

레위기 18:22 너는 여자와 동침함 같이 남자와 동침하지 말라 이는 가증한 일이니라.

로마서 1:27 그와 같이 남자들도 순리대로 여자 쓰기를 버리고 서로 향하여 음욕이 불일듯 하매 남자가 남자와 더불어 부끄러운 일을 행하여 그들의 그릇됨에 상당한 보응을 그들 자신이 받았느니라.

- **답 :** 동성애
- **인도 :** 성경은 동성애를 분명한 죄로 선언하고 있어요. 요즘 우리 사회에선 동성애를 대하는 태도가 크게 두 가지가 있어요. 하나는 '그것도 사랑이니 인정하자' 라는 생각이에요. 하지만 사랑이라는 말로 모든 것을 합리화할 수는 없어요. 함께 죄 짓는 것을 사랑이라고 하지는 않으니까요.

  둘째는 동성애자들을 벌레 보듯이 극도로 혐오하고 공격하는 거예요. 동성애는 음란한 마음을 품거나 그런 영상을 보거나 혼전 성관계를 갖거나 외도를 하는 것보다 훨씬 더 끔찍하고 더러운 죄가 아니에요. 이들 모두는 기본적으로 동일한 선상에 있는 성적 범죄들이에요.

  그리스도인은 동성애를 합리화하지도, 특별히 더 혐오하지도 않아요. 다만 죄를 죄리고 밀할 뿐이에요. 동성애자들도 우리와 마찬가지로 회개가 필요한 사람들이에요.

3) 음란한 ______과 행동(마 5:28)

마태복음 5:28 나는 너희에게 이르노니 음욕을 품고 여자를 보는 자마다 마음에 이미 간음하였느니라.

- **답 :** 마음
- **인도 :** 예수님은 실제로 행하지 않았더라도 음란한 마음을 품었으면 이미 간음한 것이라고 말씀하세요. 하나님은 우리의 마음도 깨끗할 것을 요구하세요. 그러므로 "간음하지 말라"는 계명은 음란물을 보는 것, 음란한 말, 행동, 마음 모두를 금지하는 명령이에요.

2. 결국 "간음하지 말라"는 계명을 통해 하나님이 우리에게 원하시는 뜻은 무엇입니까?(히 13:4, 고전 6:18-20)

히브리서 13:4 모든 사람은 결혼을 귀히 여기고 침소를 더럽히지 않게 하라 음행하는 자들과 간음하는 자들을 하나님이 심판하시리라.

고린도전서 6:18-20 [18] 음행을 피하라 사람이 범하는 죄마다 몸 밖에 있거니와 음행하는 자는 자기 몸에 죄를 범하느니라 [19] 너희 몸은 너희가 하나님께로부터 받은바 너희 가운데 계신 성령의 전인 줄을 알지 못하느냐 너희는 너희 자신의 것이 아니라 [20] 값으로 산 것이 되었으니 그런즉 너희 몸으로 하나님께 영광을 돌리라.

- **답** : 결혼을 귀하게 여겨라
- **인도** : 하나님은 오직 결혼한 배우자와의 성관계만 허락하셨어요. 성관계는 결혼이라는 울타리 안에서 사랑하는 배우자와 정신적, 육체적으로 하나 되는 특별한 선물이라는 점을 잊지 마세요. 성적인 면에서 우리 육체를 정결하게 하는 것은 우리 자신을 거룩하게 하는 일이에요. 우리 몸은 하나님이 주신 것이며 성령이 거하시는 '성전'이라고 성경은 말해요(고전 3:16). 그러므로 우리의 몸을 성전으로 가꿔가야 해요.

핵심만 콕콕!

나는 결혼을 귀하게 여기며,
나의 몸이 거룩한 성전인 것을 믿고,
음란한 마음과 생각으로부터 스스로를
정결하게 지키기 위해 힘쓴다.

OPEN LIFE 오픈라이프

나눔 요즈음은 너무도 손쉽게 음란한 사진이나 영상을 접할 수 있습니다. 그런 음란물을 접했을 때의 느낌을 솔직하게 나눠보세요.

실천 청소년들이 비교적 쉽게 음란영상물을 접할 수 있는 매체가 바로 인터넷, 미디어입니다. 우리가 이런 매체에 끌려다니는 종이 되지 않고 바르게 사용하는 주인이 되기 위해 결심하고 실천할 수 있는 일들을 생각해봅시다.

예 : PC나 노트북에 "하나님과 내가 함께 보는 컴퓨터"라는 스티커 붙이기, 컴퓨터 거실로 옮기기, 밤 10시 이후에는 아예 켜지 않기, 꼭 필요할 때만 켜기, 목적 없이 웹서핑하지 않기, PC방 출입 자제하기 등.

하나님, 음란한 세상 문화 속에서 하나님 자녀로서 몸과 마음을 깨끗하게 지킬 수 있도록 붙들어주세요. 눈과 귀의 유혹에 넘어가지 않게 도와주세요.

남자가 남자를, 여자가 여자를?

Q. 요즈음 드라마나 영화에서 동성애에 대한 내용을 많이 보게 되는데요. 조금 이상하긴 하지만, 그것도 각자의 취향이 아닌가 생각이 돼요. 남에게 피해를 주는 것도 아니고요. 또 선천적으로 그렇게 태어나기 때문에 어쩔 수 없기도 하잖아요. 그런데 교회에서는 너무 죄라고 하니까 오히려 왠지 고리타분하게 느껴지고 반발심이 들기도 해요. 정말 동성애는 무조건 죄인가요?

A. 네, 일단 결론부터 말하자면, 동성애는 절대로 타협할 수 없이 분명한 '죄'예요. 구약의 율법(레 18:22, 20:13)에서 엄격히 금하는 것은 물론이거니와 신약에서도 마찬가지예요(롬 1장, 고전 6:9, 딤전 1:10). 특별히 로마서 1장을 보면 하나님을 거역하는 인간의 타락 중에서도 대표적인 죄악으로 동성애가 언급되고 있어요.

동성애는 남에게 피해를 주지 않는 취향이라는 말로 합리화할 수 없어요. 자살도 엄밀히 말해 남에게 피해를 주지 않는다고 볼 수 있어요. 그러면 허용해도 될까요? 마약도 자신만 즐기고 남에게 피해를 주지 않는다면 허용해도 될까요? 배우자가 눈감아주기만 하면 외도해도 괜찮은 건가요?

동성애 성향을 타고 났다는 주장도 그래요. 동성애 성향이 정말 타고나는 것인가에 대해 논란의 여지가 많지만, 설령 선

Break Time

천적이라 해도 이를 합리화할 수는 없어요. 성경 말씀을 보면 인간은 기본적으로 '죄'를 타고 났어요. 그래서 누가 가르쳐주지 않아도 거짓말하고, 남을 미워하고, 비방하기도 해요. 심지어 살인하고자 하는 마음도 우리 마음 한켠에는 분명히 있어요. 그래서 우리는 예수님이 필요하고, 예수님을 통해 죄사함을 받고 나서도 계속 우리 마음의 죄와 싸우는 것이잖아요.

어떤 사람은 동성애가 '죄'가 아니라 일종의 '병'이라고 하기도 해요. 그런데 그런 논리라면 모든 '죄'가 다 병이 될 수 있어요. 상대적 박탈감, 외로움, 상처, 복수심 때문에 그렇게 할 수밖에 없었던 마음의 병 말이에요. 그렇다면 예수님이 그냥 치료하면 되지 자신의 생명을 대가로 치르실 필요는 전혀 없었겠죠?

이처럼 동성애가 분명한 '죄'인 것은 맞지만 우리가 분명히 알아야 할 것이 있어요. 이성애자들도 온갖 음란의 죄를 짓는 다는 것과 동성애가 그런 죄보다 특별히 더 나쁜 죄는 아니라는 거예요. 그러므로 자신도 음란한 동영상을 보고, 온갖 음란한 상상을 하고, 기회만 된다면 음란한 행동을 하면서 동성애자들에게만 잔인한 정죄의 손가락질을 하는 것은 위선적인 일이에요. 동성애자들 또한 '나 같은 죄인'인 거예요.

그러기에 그들을 사랑하고, 그 상태에서 벗어나도록 돕기 위해 함께 고민하고, 기도하는 것, 그것이 성숙한 그리스도인들이 할 일이에요. ■

session **09**

8계명 : 도둑질하지 말라

도둑질하지 말라(출 20:15).

OPEN MIND 오픈**마인드**

길에서 우연히 10만 원을 주웠습니다. 이런 상황에서 나라면 어떻게 할 것 같은지 솔직하게 얘기해보세요.

1. 성경은 우리가 재물을 얻을 수 있는 두 가지 합법적인 방법을 정해 주었습니다. 어떻게 얻는 것이 정당한 재물입니까?

1) ____________으로 얻은 재물(시 128:2)

시편 128:2 네가 네 손이 수고한 대로 먹을 것이라 네가 복되고 형통하리로다.

● **답** : 노동

● **인도** : 기본적으로 재물은 노동의 대가로 얻는 것이에요. 우리는 스스로 성실히 일해야 하는 것은 물론이고, 우리 사회가 성실히 일한 사람에게 그만큼 보람이 돌아가는 곳이 되도록 힘써야 해요.

2) 정당한 법과 절차에 따라 ______ 재물(신 19:14, 빌 4:18)

신명기 19:14 네 하나님 여호와께서 네게 주어 차지하게 하시는 땅 곧 네 소유가 된 기업의 땅에서 조상이 정한 네 이웃의 경계표를 옮기지 말지니라.

빌립보서 4:18 내게는 모든 것이 있고 또 풍부한지라 에바브로디도 편에 너희가 준 것을 받으므로 내가 풍족하니 이는 받으실 만한 향기로운 제물이요 하나님을 기쁘시게 한 것이라.

● **답** : 받은(얻은)

● **인도** : 신명기 19장 14절에 나오는 '기업의 땅' 이란 조상으로부터 물려받은 땅을 의미해요. 이스라엘의 각 집안에는 대대로 이어져 내려오는 땅이 있었어요. 이것을 잘 관리하는 것이 후손의 중요한 책임이었어요. 이렇듯 부모로부터 물려받는 적정 수준의 정당한 유산은 합당하게 소유할 수 있어요.

또 빌립보서 4장 18절에서 바울은 자신을 돕기 위해 쓸 것을 보내준 빌립보 교인들에게 감사하고 있어요. 바울은 전도와 선교를 하느라 생계에 전념할 수 없었기 때문에 여러 성도들이 자발적으로 바울에게 쓸 것들을 보내주었어요. 이렇듯 전도자나 어려운 이웃을 돕기 위해 우리가 서로 나누는 재물은 노동의 대가는 아니지만 합당하게 받을 수 있어요.

2. "도둑질하지 말라"는 계명은 넓은 의미에서 우리에게 어떤 돈을 경계하라고 말하는 것입니까?(잠 21:6, 눅 19:45-46, 엡 4:28)

잠언 21:6 속이는 말로 재물을 모으는 것은 죽음을 구하는 것이라 곧 불려 다니는 안개니라.

누가복음 19:45-46 [45] 성전에 들어가사 장사하는 자들을 내쫓으시며 [46] 그들에게 이르시되 기록된바 내 집은 기도하는 집이 되리라 하였거늘 너희는 강도의 소굴을 만들었도다 하시니라.

에베소서 4:28 도둑질하는 자는 다시 도둑질하지 말고 돌이켜 가난한 자에게 구제할 수 있도록 자기 손으로 수고하여 선한 일을 하라.

● **답** : 속여서 번 돈, 하지 말아야 할 일로 번 돈, 자기만을 위해 쓰는 돈

● **인도** : "도둑질하지 말라"는 계명은 넓게 생각하면, 정당하게 돈을 얻고 사용하라는 명령이에요. 남을 속이거나 세금을 횡령해서 얻은 돈(미 6:10-11), 하지 말아야 할 일을 해서 번 돈(눅 19:45-46)은 도둑질한 돈이나 마찬가지예요.

예를 들어 고리대금업, 불법도박이 그래요. 진짜 도둑질이나 강도짓은 말할 것도 없고요. 커닝 같이 부당한 방법으로 이익을 취하는 것도 넓은 의미에서 도둑질이라고 할 수 있어요. 아무리 사회법으로 용인하는 것이라 해도, 이를테면 합법적인 도박, 복권 등으로 일확천금을 노리는 것도 재물에 대한 정당한 태도라고 할 수 없어요.

그러면 이와 같은 도둑질을 멈추고 정당하게 번 돈으로 우리는 무엇을 해야 할까요? 성경은 선한 일을 하라고 말해요(엡 4:28). 자기가 노력해서 얻은 것이라고 해서 자기만을 위해서 쓰는 것은 "도둑질하지 말라"는 계명의 취지에 어긋나는 일이에요.

우리가 노력해서 얻은 것이라도 어차피 모두 하나님이 주신 '하나님의 것' 이기 때문이에요. 하나님이 주시지 않는다면 우리는 아무리 노력해도 아무것도 가질 수 없어요.

주인이 재물을 맡기면서 쓸 용도를 정해주었는데 종이 이것을 제멋대로 쓰는 것은 횡령이에요. 도둑질인 거예요. 하나님은 우리의 소득을 자신의 일용할 양식을 위해 쓰고, 또 다른 사람을 돕는 데 쓰라고 분명히 명하고 있어요. 그러므로 "도둑질하지 말라"는 계명은 적극적인 의미로 보면 똑바로 벌어서 똑바로 쓰라는 명령이에요.

핵심만 콕콕!

나는 정당하지 않은 재물이나 이익을
구하지 않으며, 얻은 소득을
선한 일에 지혜롭게 쓰기 위해 힘쓴다.

OPEN LIFE 오픈라이프

나눔 노력하지 않고 대가만 바란 적이 있나요? 그 결과는 어땠나요?

실천 한 주간 내가 힘써서 이룰 수 있는 목표를 한 번 적어보세요. 그리고 최선을 다해 노력해봅시다.

예 : 성경 10장 읽기, 영어 문제집 한 단원 풀기, 줄넘기 300번 하기 등

하나님, 부당한 방법으로 얻은 이익은 제 것이 아님을 알았습니다. 주님 앞에서 정직하게 행하며 정당하게 노력해서 얻은 대가에 감사하는 자녀가 되게 해주세요.

session **10**

9계명 : 거짓 증거하지 말라

네 이웃에 대하여 거짓 증거하지 말라(출 20:16).

OPEN MIND 오픈마인드

자신이 직접 했거나 들었던 거짓말 중에서 가장 기억에 남는 것은?

● 인도 : 오늘의 계명은 "거짓 증거하지 말라" 예요.

1. 거짓 증거란 무엇을 말하는 것입니까?(출 23:1, 시 5:6)

출애굽기 23:1 너는 거짓된 풍설을 퍼뜨리지 말며 악인과 연합하여 위증하는 증인이 되지 말며.

시편 5:6 거짓말하는 자들을 멸망시키시리이다 여호와께서는 피 흘리기를 즐기는 자와 속이는 자를 싫어하시나이다.

● 답 : 거짓말로 남에게 피해를 주는 것, 속이는 것

● 인도 : 성경에서 금하는 거짓말이란 거짓된 풍설, 즉 남을 음해, 비방하기 위해 거짓 소문을 내는 것, 재판에서 위증하여 진실을 가리는 것, 남을 함정에 빠뜨릴 생각으로 속이는 것 등 악한 의도를 가지고 남에게 피해를 주는 거짓말이에요.

원래 그럴 의도는 아니었지만 결과적으로 사실을 왜곡하여 남에게 피해를 주는 것 또한 거짓 증거라고 할 수 있어요. 예를 들어, 자리에 없는 친구에 대해 다른 친구와 뒷담화를 하다보면 사실을 과장하거나 왜곡하기 쉬워요. 이런 경우 일부러 거짓말을 했다고 보기는 어렵지만 결과적으로 거짓을 전하는 데 한 몫 거들어 친구를 비방한 셈이 되고 말아요. 인터넷에 익명으로 악플을 다는 것, 확실하지 않은 소문을 여기저기 퍼뜨리는 것, 슬쩍 속임수를 쓰는 것, 커닝하는 것, 거스름돈을 속이는 것들 모두가 거짓 증거라고 할 수 있어요.

하나님의 자녀인 우리는 언제나 진실만 말하도록 힘써야 해요. 혹시 다른 사람에게 피해를 주거나 자칫 왜곡되고 악용될 소지가 있는 말은 아예 꺼내지 않는 편이 지혜로워요.

2. 성경에는 선한 거짓말도 등장합니다. 어떤 경우입니까?(수 2:3-4, 히 11:31)

여호수아 2:3-4 [3] 여리고 왕이 라합에게 사람을 보내어 이르되 네게로 와서 네 집에 들어간 그 사람들을 끌어내라 그들은 이 온 땅을 정탐하러 왔느니라 [4] 그 여인이 그 두 사람을 이미 숨긴지라 이르되 과연 그 사람들이 내게 왔었으나 그들이 어디에서 왔는지 나는 알지 못하였고,

히브리서 11:31 믿음으로 기생 라합은 정탐꾼을 평안히 영접하였으므로 순종하지 아니한 자와 함께 멸망하지 아니하였도다.

- **답 :** 악을 피하기 위해, 선한 사람을 보호하기 위해 한 거짓말.
- **인도 :** 이스라엘 백성은 하나님의 명령을 따라 가나안 땅을 점령하기에 앞서 여리고 성에 정탐꾼을 보내요. 정탐꾼은 여리고 성에 들어가 기생 라합의 집에 머물게 돼요. 마침 여리고 왕이 보낸 사람들이 라합의 집을 수색하려고 왔을 때 라합은 정탐꾼들을 숨겨주고 그들을 본 적이 없다고 거짓말을 해요. 라합이 그렇게 한 것은 하나님을 두려워했기 때문이에요. 하나님을 거역하는 악을 피하기 위해, 하나님의 사람들을 보호하기 위해 거짓말을 한 라합은 오히려 후대에 이르기까지 칭찬을 받아요.

  그럼에도 선한 거짓말은 정말 주의해서 사용해야 돼요. 아무리 동기가 선하더라도 마구잡이로 거짓과 속임수를 사용하는 것은 결코 옳은 일이 아니에요. 선행은 동기도 선해야 하지만 방법도 선해야 해요.

  그러므로 우리는 늘 선을 행할 수 있는 최선의 방법을 찾아야 해요. 최선의 방법이란, 당연히 사실을 있는 그대로 말하면서도 선을 행하는 방법이겠지요.

3. "거짓 증거하지 말라"는 명령의 참뜻은 무엇입니까?(요삼 1:3, 요 8:44)

요한삼서 1:3 형제들이 와서 네게 있는 진리를 증언하되 네가 진리 안에서 행한다 하니 내가 심히 기뻐하노라.

요한복음 8:44 너희는 너희 아비 마귀에게서 났으니 너희 아비의 욕심대로 너희도 행하고자 하

느니라 그는 처음부터 살인한 자요 진리가 그 속에 없으므로 진리에 서지 못하고 거짓을 말할 때마다 제 것으로 말하나니 이는 그가 거짓말쟁이요 거짓의 아비가 되었음이라.

- **답** : 진리의 편(하나님 편)에 서라
- **인도** : "거짓 증거하지 말라"는 명령은 항상 사실만 말해야 한다는 의미라기보다는 항상 진리의 편에 서라는 의미로 보는 것이 더 정확해요. 진리의 편이란 하나님의 편이에요. 하나님이 기뻐하고 인정하시는 일을 하는 것이죠.

  다시 말하면, 하나님의 편에서 말하지 않고 행동하지 않는 일은 모두 거짓 증거라고 할 수 있어요. 예를 들어, 밝히지 말아야 할 사실을 밝힘으로써 오히려 이웃에게 해를 끼치는 경우, 밝혀야 될 일을 밝히지 않고 침묵함으로 진실을 왜곡하는 경우 등도 거짓증거에 해당해요.

  그러므로 거짓 증거하지 말라는 명령을 적극적으로 실천하기 위해선, 단순히 거짓말을 하지 않는다는 데서 그치는 것이 아니라 언제나 하나님 편에 서서 말하고 행동하기 위해 적극적으로 힘써야 해요.

핵심만 콕콕!

나는 언제나 진리의 편,
곧 정의로운 하나님의 편에
서서 말하고 행동하기에 힘쓴다.

나눔 어떤 상황에서 진실을 말하기 어렵거나 침묵으로 거짓말을 대신하게 되기 쉬운지 얘기를 나눠보세요.

실천 책상 앞이나, 방문 앞 등 가장 잘 보이는 곳에 "하나님 편에 서자" 또는 "진실하게 살자"는 문장을 써서 붙여놓습니다. 한 주 동안 날마다 그 문장을 보고 결심한 대로 살기를 힘쓰고, 정말 그렇게 살았는지 다음 주에 얘기를 나눠보세요.

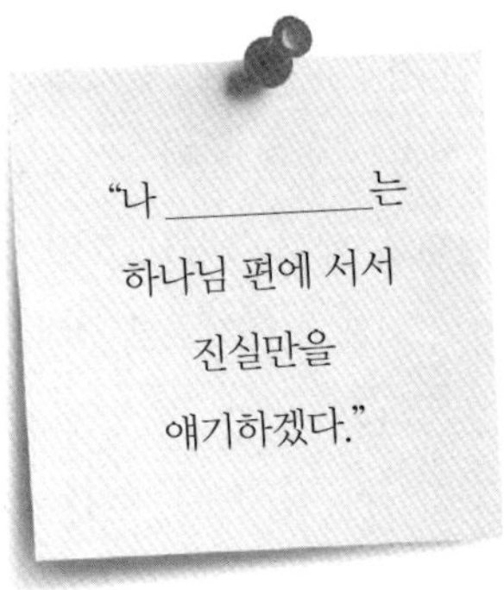

Tip : 선언문을 다같이 쓰고 각자 집에 가서 책상 앞, 방문 앞에 붙인 후 인증샷을 찍어 교사의 휴대폰이나 이메일로 보내도록 하는 등 결심과 실천을 독려하는 방법을 생각해보자.

하나님의 자녀로서 어떤 상황에 처하든 하나님 편에 서서 정직하고, 당당하게 진실만을 말할 수 있도록 도와주세요.

session 11

10계명 : 네 이웃의 집을 탐내지 말라

네 이웃의 집을 탐내지 말라 네 이웃의 아내나 그의 남종이나 그의 여종이나 그의 소나 그의 나귀나 무릇 네 이웃의 소유를 탐내지 말라(출 20:17).

OPEN MIND 오픈마인드

뒤에 서 있는 두 친구는 왜 이런 말을 했을까요?

● **인도** : 어쩌면 다른 사람이 잘못되었을 때 함께 슬퍼해주는 것보다 잘 되었을 때 진심으로 함께 기뻐해주는 것이 더 힘들지도 몰라요. 오늘 배울 제10계명은 우리가 이웃에게 진심으로 품어야 하는 마음에 대한 계명이에요.

1. 이웃의 것을 탐내는 마음이란 어떤 마음을 의미합니까?(겔 22:12, 잠 28:25, 창 26:14)

에스겔 22:12 네 가운데에 피를 흘리려고 뇌물을 받는 자도 있었으며 네가 변돈과 이자를 받았으며 이익을 탐하여 이웃을 속여 빼앗았으며 나를 잊어버렸도다 주 여호와의 말씀이니라.

잠언 28:25 욕심이 많은 자는 다툼을 일으키나 여호와를 의지하는 자는 풍족하게 되느니라.

창세기 26:14 양과 소가 떼를 이루고 종이 심히 많으므로 블레셋 사람이 그를 시기하여.

● **답** : 탐심, 욕심, 시기심

● **인도** : 제10계명에서 금하는 것은 기본적으로 남의 것을 탐내어 빼앗고자 하는 마음이라고 할 수 있어요. 이런 마음을 행동으로 옮기면 도둑질이나 사기 같은 구체적인 범죄를 저지르게 되겠지요. 탐내는 마음과 근본적으로 다르지 않은 마음들이 있어요. 첫째, '욕심'이에요. 욕심이란 무언가를 지나치게 탐하거나 누리고자 하는 마음이에요. 이런 욕심은 물건뿐만 아니라 사람에 대해서도 갖게 될 수 있어요. '얘는 나하고만 친해야 돼!' 하고 친구를 독점하려는 마음도 일종의 욕심이에요.

둘째, '시기' 혹은 '질투'예요. 다른 사람이 소유하고 누리고 있는 것에 대해 까닭 없이 샘을 내고 상대를 미워하는 것이에요. 이런 마음이 행동으로 이어질 때 우리는 상대를 괴롭히거나 그가 가진 것을 빼앗게 될 거예요. 결국 탐심과 다르지 않는 마음이에요.

이렇듯 이웃이 가지고 있는 것, 누리는 것, 이룬 것에 대해 탐심, 욕심, 시기심 등을 갖지 말라고 제10계명은 말하고 있어요.

2. 이웃의 것을 탐내지 않기 위해 우리가 가져야 할 마음은 무엇입니까?(히 13:5, 합 3:17-18, 시 97:12)

히브리서 13:5 돈을 사랑하지 말고 있는 바를 족한 줄로 알라 그가 친히 말씀하시기를 내가 결코 너희를 버리지 아니하고 너희를 떠나지 아니하리라 하셨느니라.

하박국 3:17-18 [17] 비록 무화과나무가 무성하지 못하며 포도나무에 열매가 없으며 감람나무에 소출이 없으며 밭에 먹을 것이 없으며 우리에 양이 없으며 외양간에 소가 없을지라도 [18] 나는 여호와로 말미암아 즐거워하며 나의 구원의 하나님으로 말미암아 기뻐하리로다.

시편 97:12 의인이여 너희는 여호와로 말미암아 기뻐하며 그의 거룩한 이름에 감사할지어다.

- **답** : 만족함, 감사함
- **인도** : 탐심, 욕심, 시기심의 반대말은 만족함, 자족함, 감사함이에요. 히브리서 13장 5절은 우리에게 있는 바를 족한 줄 알라고 말씀하면서 "내가 너희를 떠나지 아니하리라" 하신 하나님의 약속을 일깨워주고 있어요. 이것은 곧 하나님 한 분만으로 만족하라는 말씀이에요. 세상의 주인이신 하나님이 우리를 버리지도, 떠나지도 않는다는 사실을 온전히 믿는다면 우리는 어떤 상황에 처하든 만족하고 기뻐할 수 있어요.

  하나님의 사람은 하나님으로 만족하고 하나님으로 인해 기뻐해요. 가진 것이 없더라도 하나님의 인도하심 속에서 늘 감사할 수 있어요. 우리 마음속에 만족함과 감사가 있다면 탐심이 들어설 자리는 없게 될 거예요.

3. 결국 제10계명이 우리에게 명령하는 것은 무엇입니까?(고전 10:24, 롬 12:15)

고린도전서 10:24 누구든지 자기의 유익을 구하지 말고 남의 유익을 구하라.

로마서 12:15 즐거워하는 자들과 함께 즐거워하고 우는 자들과 함께 울라.

- **답** : 남을 돕는 삶을 살라. 이웃과 함께 웃고 함께 울며 사랑하라.
- **인도** : 이웃에게 피해를 주는 것은 물론 마음으로도 이웃의 것을 탐하지 말라는 명령을 좀 더 적극적으로 해석한다면 어떤 명령이 될까요? 바로 이웃을 사랑하고, 이웃을 도우라는 명령이 돼요.

  하나님의 사람은 이웃의 것을 탐하거나 시기하지 않아요. 오히려 이웃의 기쁨에 함께 웃고, 이웃의 슬픔에 함께 울며, 이웃과 많은 것을 함께해요. 하나님에 대해 넘치는 감사와 만족함을 이웃에게 넉넉하게 나눠줄 수 있는 사람이에요.

핵심만 콕콕!

나는 이웃의 것을 탐하거나 시기하지 않고,
감사와 만족함으로 이웃을 섬기고
더불어 살기 위해 힘쓴다.

OPEN LIFE 오픈라이프

나눔 다른 사람이 부러워서 견딜 수 없었던 적이 있나요?

Tip : 다른 사람이 꼭 친구가 아니어도 된다. 어느 연예인의 월등한 외모, 어느 천재의 재능 등 뉴스나 주변 소식으로 접하는 모든 사람을 생각해보도록 한다.

실천 내가 가진 것에 만족하고 감사하는 마음을 담아 '감사 리스트'를 만들어봅시다. 그리고 내가 가진 것을 사용해 다른 사람을 도울 수 있는 일을 찾고 실천에 옮겨보세요.

예 : 시간에 여유가 있어서 감사해요. – 자원봉사하기

용돈이 넉넉한 편이라서 감사해요. – 불우이웃에게 후원금 보내기

좋은 성적이 나와서 감사해요. – 친구 공부 도와주기

유머감각을 타고나서(?) 감사해요. – 우울해하는 친구 웃게 해주기

하나님, 제가 누리고 있는 많은 것들에 감사합니다. 제게 없는 것에 대해 불평하기보다 제게 있는 것들을 사용해 다른 사람들을 섬길 수 있도록 도와주세요.

session 12

하나님이 주신 가장 큰 계명

OPEN MIND 오픈마인드

지금까지의 내 인생을 딱 한 줄로 요약한다면?

Tip : 시간이 허락한다면 이외에 유명한 묘비글도 소개해보자.

- 기 드 모파상(소설가, 1850-1893)

  나는 모든 것을 갖고자 했지만 결국 아무것도 갖지 못했다.

- 호머 헐버트(선교사, 사학자, 1863-1949)

  나는 웨스트민스터 사원보다 한국 땅에 묻히기를 원하노라.

- 알버트 슈바이처(의사, 철학자, 1875-1965)

  만약 식인종이 나를 잡으면 그들이 이렇게 말해주길 바란다. 우리는 슈바이처 박사를 먹었다. 그는 맛이 좋았다. 그리고 그의 마지막도 나쁘지는 않았다.

- 베네트 서프(출판인, 1898-1971)

  그는 어디를 가든지 거기 모인 사람들을 늘 조금씩 더 행복하게 만들어 주었다.

- 엘리자베스 1세(잉글랜드 여왕, 1533-1603)

  오직 한순간 동안만 나의 것이었던 그 모든 것들!

OPEN BIBLE 오픈바이블

● **인도** : 하나님은 우리가 어떤 사람으로 이 땅에서 살다 가길 원하실까요? 우리의 인생이 어떻게 요약되길 원하실까요? 하나님의 대표 계명인 십계명을 요약하면 바로 그 답을 알 수 있어요.

1. 지금까지 십계명을 살펴보았습니다. 결국 십계명은 어떻게 요약할 수 있습니까?(막 12:29-31)

마가복음 12:29-31 [29] 예수께서 대답하시되 첫째는 이것이니 이스라엘아 들으라 주 곧 우리 하나님은 유일한 주시라 [30] 네 마음을 다하고 목숨을 다하고 뜻을 다하고 힘을 다하여 주 너의 하나님을 사랑하라 하신 것이요 [31] 둘째는 이것이니 네 이웃을 네 자신과 같이 사랑하라 하신 것이라 이보다 더 큰 계명이 없느니라.

● **답** : 하나님을 사랑하고 이웃을 사랑하라.

● **인도** : 예수님은 십계명을 아주 간략하게 요약해주셨어요. 그것은 '하나님 사랑'과 '이웃 사랑'이라는 말씀이에요. 눈치챘나요? 십계명의 1계명에서 4계명은 하나님에 대한 계명으로 하나님을 섬기고 사랑하라는 말씀이에요. 5계명부터 10계명까지는 이웃에 대한 말씀이고요. 예수님이 말씀하시는 큰 의미에서 부모도 이웃이라고 볼 수 있어요. 내 곁에 가까이 있는 사람인 것이죠.

결국 십계명은 하나님을 사랑하고, 이웃을 사랑하라는 명령으로 요약할 수 있어요.

2. 하나님을 모르면 진정으로 이웃을 사랑할 수 없습니다. 그 이유는 무엇입니까?(요일 4:16, 고전 13:3)

요한일서 4:16 하나님이 우리를 사랑하시는 사랑을 우리가 알고 믿었노니 하나님은 사랑이시라 사랑 안에 거하는 자는 하나님 안에 거하고 하나님도 그의 안에 거하시느니라.

고린도전서 13:3 내가 내게 있는 모든 것으로 구제하고 또 내 몸을 불사르게 내줄지라도 사랑이 없으면 내게 아무 유익이 없느니라.

● **답** : 진정한 사랑은 하나님께만 있기 때문에

● **인도** : 진정한 사랑은 하나님께만 있어요. 하나님만이 모든 존재의 근원이시기 때문이에요. 그러므로 하나님과 떨어져 있고 하나님을 모르는 사람은 진정한 사랑을 할 수 없어요. 사랑의 모양은 흉내낼 수 있을지 몰라도 그 안에 진정한 사랑이 담겨 있지 않다는 말이에요.

고린도전서 13장 3절을 보세요. 모든 것을 팔아서 가난한 사람을 돕고, 다른 사람을 위해 목숨을 바쳐도 그 안에 진정한 '사랑'이 없을 수 있다

고 말하고 있어요. 흔히들 자신이 무언가를 희생하고, 좋아하는 감정이 강하게 일어나고, 그것에 따라 표현하고 행동하는 것이 '사랑' 이라고 생각해요. 하지만 그것만 가지고는 사랑이라고 할 수 없어요.

흉내내는 사랑도 자기 목숨과 재산을 내놓을 수 있어요. 그러면 세상 사람들은 박수치며 큰 사랑이라고 말할 거예요. 그러나 성경은 단호하게 말해요. 아무리 그래도 그것이 하나님께 뿌리 박혀 있는 게 아니라면 진정한 사랑이 아니라고요.

우리는 하나님을 떠나서 사랑할 수 없어요. 하나님을 모르면 진정한 사랑도 모르는 거예요. 그러므로 참 사랑을 이루려면, 먼저 하나님을 유일한 신으로 인정하고, 올바른 방법과 태도와 시간을 들여 하나님을 예배하는 사람이 되어야 해요.

3. 어떤 사람은 믿음은 참 좋은 것 같은데 이웃을 그리 사랑하는 것 같지는 않습니다. 이런 사람을 성경은 뭐라고 말합니까?(요일 4:20)

요한일서 4:20 누구든지 하나님을 사랑하노라 하고 그 형제를 미워하면 이는 거짓말하는 자니 보는 바 그 형제를 사랑하지 아니하는 자는 보지 못하는바 하나님을 사랑할 수 없느니라.

- **답** : 보이는 형제를 사랑하지 못하면, 보이지 않는 하나님을 사랑할 수 없다.
- **인도** : 사랑은 하나님으로부터 출발해요. 이것은 플러그를 꽂아야 TV가 켜지고 작동하는 것과 같아요. 아무리 최신형이고 멋진 TV도 전기가 들어오지 않아 작동하지 못한다면 제대로 된 TV라고 할 수 없어요. 장식물에 불과해요. 하나님께 연결되어 있지 않은 사랑이 바로 그래요. 그런데 플러그가 꽂혀 있는데도 TV가 나오지 않는다면 어떨까요? 그것 역시 제대로 된 TV라 할 수 없을 거예요.

마찬가지로 우리가 하나님께 제대로 연결되어 있다면, 다시 말해 하나님을 사랑하고 있다면 당연히 이웃을 사랑하게 되겠지요. 하나님을 사랑한다고 하면서 이웃을 사랑하지 않는 사람은 거짓말을 하고 있는 거예요.

우리는 예배를 꼬박꼬박 드리고, 기도 많이 하고, 성경 많이 보는 사람을 보고 믿음이 좋은 사람이라고 말해요. 네, 그런 것들이 좋은 믿음의 요건들임에는 틀림없어요. TV 플러그를 콘센트에 단단히 꽂아놓는 일이니까요. 하지만 중요한 것은 플러그를 얼마나 세게 꽂았느냐가 아니라 거기에 전기가 들어오느냐가 아니겠어요? 하나님의 사랑이 전선을 타고 들어왔는데도 이웃 사랑이라는 모습이 나타나지 않는다면 분명히 뭔가가 잘못된 거예요.

아무리 교회 생활을 열심히 해도 이웃을 사랑하지 못하는 사람은 결론적으로 믿음이 좋은 사람이 아니에요. 정말 믿음 좋은 사람, 하나님을 사랑하는 사람은 그만큼 이웃을 사랑할 줄 알아요. 하나님 사랑과 이웃 사랑은 동전의 양면과 같아서 따로 떼어놓고 생각할 수 없어요.

핵심만 콕콕!

나는 십계명을 따라 목숨을 다하고,
뜻을 다하고, 힘을 다하여 하나님을 사랑하고,
이웃을 내 몸과 같이 사랑하기 위해 힘쓴다.

OPEN LIFE 오픈라이프

나눔 지금까지 십계명을 배우며 느낀 점을 자유롭게 나눠보세요.

실천 내 인생에서 앞으로 일주일만 남아 있다면 하나님 앞에서, 또 이웃을 위해 어떤 일을 하고 싶나요? 그 일을 통해 내가 사람들에게 어떻게 기억될지 생각하며 내 묘비에 쓰일 문구를 만들어봅시다.

예 : 1) 일주일 동안 만나는 모든 사람들을 미소와 친절로 대하겠다.

묘비명 – "세상에서 가장 아름다운 미소로 사람들에게 행복을 선물한 ○○○"

2) 동생 몰래 가져갔던 스마트폰을 돌려줘야겠다.

묘비명 – "스마트폰보다 동생을 사랑한 ○○○"

하나님이 허락하신 제 인생의 시간을 소중히 여기며 가치 있게 쓸 수 있기 원합니다.
하나님을 사랑하고 그 사랑으로 이웃을 섬기며 살 수 있게 도와주세요.

Break Time

알쏭달쏭 가로세로 낱말풀이

1 조	미	료		5 아	이	6 유		8 동
지				브		7 도	피	성
2 버	카	3 충		라				애
나		4 만	족	함			9 일	
드					10 발	연	기	
쇼			11 세	12 부			예	
	15 반			패		13 십	보	라
16 금	송	이	17 지			계		
			혜		14 변	명		

가로 문제

1. 음식의 맛을 알맞게 맞추는 데 쓰는 재료. '양념'이라고도 한다.
2. 버스를 타기 위해 요금을 카드에 미리 일정 금액 채워놓는 것을 줄여서 부르는 말. 삼엽충 같은 애들이랑 친구 절대 아님.
4. 이웃의 것을 탐내지 않기 위해 우리가 가져야 할 마음. 감사함과 이것이 필요하죠. 학생용 교재 53쪽 2번 문제의 답이기도 합니다.
5. 1993년 5월 16일이 생일인 여자 가수. "나는요 오빠가 좋은 걸 어떡해."

(아이유~ 좋아라!!)

7. 구약시대에 실수로 사람을 죽인 사람은 이곳으로 피하여 생명을 지켰다.
10. 드라마나 영화에 출연한 배우의 어색한 연기를 발에 빗대어 하는 말.
11. 세계 최초로 세계일주를 한 마젤란이 세웠다고 전해지는 나무 십자가가 있는 곳. 지금은 휴양지로 유명한 필리핀의 한 지역.
13. 모세의 아내이자 미디안 제사장 이드로의 딸. 출애굽기 2장에 등장한다.
14. 어떤 잘못이나 실수에 대해 이런저런 구실을 대는 것.
16. 이집트를 탈출한 이스라엘이 모세가 시내 산에 올라간 사이에 만든 우상의 모양은 이것이었습니다. 학생용 교재 19쪽 1번 문제의 답입니다요.

세로 문제

1. 아일랜드 출신의 유명한 극작가이며 자신의 묘비에 "우물쭈물 살다 내 이럴 줄 알았지"라는 글을 남김. 학생용 교재 56쪽 그림에서 턱수염 제일 긴 할아버지.
3. 하나님의 은혜가 ○○하다. 성령○○.
5. 창세기에 나오는 이스라엘 민족의 조상, 믿음의 조상.
6. 두 사람이 맨손으로 맞잡고 상대편이 공격해오는 힘을 이용하여 던져 넘어뜨리거나 조르거나 눌러 승부를 겨루는 운동.
8. 로마서 1장 27절에서 금하고 있는 죄. 학생용 교재 42-43쪽에서 얘기하고 있는 그것.
9. 메인 뉴스가 끝나고 마지막으로 나오는 뉴스. "내일은 비가 올 것으로 예측됩니다."
12. 이스라엘 백성들이 우상을 만든 것을 보고 하나님은 백성들이 ○○했다고 말씀하셨다(학생용 교재 19쪽 2번 문제의 답 중 하나).
13. 하나님이 주신 모든 계명의 대표주자.
15. 부쳤던 우편물이 부득이한 사정으로 다시 돌아오는 것.
17. '얻은 소득을 선한 일에 ○○롭게 쓰기 위해 힘쓴다.' 9과 '핵심만 콕콕'에 나오는 말. 잠언에서 가장 강조하는 덕목.

MEMO

다.세.연 www.daseyeon.org

다음세대를 섬기는 사람들의 연대(이하 다.세.연)는 다음세대가 하나님께서 주신 은사와 재능을 가지고 하나님의 부르심에 응답하며 행복한 삶을 살 수 있도록 섬기는 사람들의 연대 기구다.

2005년 결성된 이후로 서울 강남 지역의 중고등학교 캠퍼스 사역에 집중해오던 다.세.연.은 하나님의 섬세한 계획 가운데 김용재 목사(前 NECTAR 대표 간사, 前 소망교회 청소년 팀장), 김정윤 목사(사랑의교회 청소년부서 디렉터), 김종설 목사(영동교회 청소년 팀장), 이재욱 목사를 비롯한 여러 청소년 사역 현장 전문가들이 한뜻을 모으게 되면서 사역의 방향을 새롭게 전환하고 제2의 창립을 시도하게 되었다.

이제 다.세.연.은 특정지역과 대상에 국한되어 있는 사역의 한계를 넘어 전국 각지의 청소년 사역자, 교회 그리고 사역단체들과 힘을 합하여 상대적으로 소외된 지역의 청소년 사역이 건강하게 이루어질 수 있도록 섬기고자 작은 발걸음을 내딛고 있다.

■ 주 집필

이재욱 목사

서울 대방중앙교회 담임, 유스코스타(Youth KOSTA) 강사, 다.세.연. 멘토, 「수련회 카운터펀치를 날리다」(BIM), 「중고등부, 2년 안에 성장할 수 있다」, 「교사를 다시 일으켜 세우는 5가지 힘」, 「부족해도 괜찮아」(이하 좋은씨앗) 저자. cteen@hanmail.net

■ 객원 집필

김용철 목사

서울 신당중앙교회 중고등교육팀

문근식 목사

용인 성서교회 청소년부, 「어? 되네! 청소년 전도」(좋은씨앗) 저자

박건용 목사

서울 대방중앙교회 교육 디렉터, 전 조코재미 PD, BIM 멀티미디어 팀장

이영표 목사

인천 수봉산교회 중등부, 전 서대문교회 교육디렉터